抱 朴

抱

朴

方北辰 ◎ 著

文豪天子的
清平调

上海古籍出版社

图书在版编目（CIP）数据

曹丕：文豪天子的清平调 / 方北辰著 . —上海：
上海古籍出版社，2024.5
（方北辰说三国）
ISBN 978－7－5732－1139－2

Ⅰ．①曹… Ⅱ．①方… Ⅲ．①曹丕（187-226）-传
记 Ⅳ．①K827=361

中国国家版本馆CIP数据核字（2024）第078269号

方北辰说三国

曹丕：文豪天子的清平调

方北辰　著

上海古籍出版社出版发行

（上海市闵行区号景路 159 弄 1-5 号 A 座 5F　邮政编码 201101）

（1）网址：www.guji.com.cn
（2）E-mail：guji1＠guji.com.cn
（3）易文网网址：www.ewen.co

浙江临安曙光印务有限公司印刷

开本 787×1092　1/32　印张 10.5　插页 6　字数 175,000
2024 年 5 月第 1 版　2024 年 5 月第 1 次印刷
ISBN 978－7－5732－1139－2

K·3588　定价：58.00 元

如有质量问题，请与承印公司联系

自　序

古语说得好，开卷有益。而开卷读三国，纵观历史风云变幻，品味英雄奋斗人生，从而开阔眼界，洞察人性，增长智慧，提升能力，确实可以获益良多。

曹丕，字子桓，曹魏皇朝的首位皇帝，中国古典文学史上享有里程碑地位的文豪，文化建设上作出创新性贡献的君主。当他接手其父曹操权位之日，早已过了而立之年，所以当皇帝的年头很短，算整数才只有六个春秋。

他是三国时期的第一位皇帝，更是把"创新"主旋律演奏得最为响亮的文豪天子，堪称三国皇帝中独具光彩的第一人。在政治上，他终结了东汉皇朝，彻底铲除了东汉的弊端，严厉禁止宦官和后妃干预政务，开启了三国新时代，而且创建了全新的九品官制，在人才评定上影响深远。在军事上，他重新开通了西域，打开了对外开放的大门。在文化建设上，他更有多种的创新性贡献：他通达，是在礼制上严厉禁止汉代以来厚葬之风的第一人；他深刻，是将文学社会功能提升到"经国大业"高度的第一人；他时尚，是开创文学沙龙的第一人；他大度，是能够客观公正评价同时代的作家和作品，完全没有"文人相轻"恶习的第一人；他前卫，还是决定编纂首部中国式大百科全书，即所谓"类书"的第一人。他知道，儒家所赞美的"三不朽"之中，"立德"的要求太高太难，自己难以达到；至于"立功"，此生要超过父王曹操的辉煌成就，恐怕也没有希望；所以自己唯一可以施展本领的空间，是在文化领域中"立言"的创新。亏得他及早看清了自己人生正确的努力方向，才得以在历史上留名不朽，这也是他留给后世的有益启迪和成功借鉴。

　　本书着重描绘了他人生中诸多的创新之举，也记录了他军事上的纸上谈兵，对待兄弟骨肉的冷酷无情。总之，这是一部文豪皇帝得意任性的清平调。

除曹丕之外，这一套系列作品还包括吕布、袁绍、刘备、孙权、陆逊与司马懿的个人评传。每部评传的净字数，大多不超过15万字，属于便携式的"口袋书"。作品的基本定位，是具有坚实学术基础的大众化、通俗性读物。它不像史书《三国志》的文言表述那样艰深难懂，也不像小说《三国演义》那样多有虚构移植，失去历史的原真。我精心选取史学典籍的可靠素材，放手运用文学审美的生动笔法，二者有机结合，力求达到生动有趣、简明流畅、雅俗共赏、老少咸宜的既定水准。

作品针对的读者对象非常广泛，不仅适合众多热爱中华悠久历史文化的读者，而且特别适合身处现今激烈竞争社会，非常想从三国英雄创业竞争中吸取有益借鉴的打拼群体和年轻一代。

全书内容的创意设计，突出特色有三：

一是注意入选对象的代表性。将近百年的三国历史，分为酝酿阶段与正式阶段。上述评传中的吕布、袁绍，是汉末割据群雄中的领头人物，属于三国酝酿阶段的代表；而曹丕、刘备、孙权，分别是曹魏、蜀汉、孙吴三个鼎立皇朝的开朝皇帝，属于三国正式阶段的代表；至于陆逊、司马懿，不仅本身都是出将入相的文武全才，而且两人的儿子即司马师、司马昭、陆抗，都是决定三个鼎立皇朝最终命运的关键性人物，所以属于三国中后期的代表。在他们的创业过程中，又与多位著名英豪发生了密切关系。把这批代表和英豪集中在一起，充分描绘他们各自在三国舞台上的亮丽表演，并给予中肯的精彩点评，所以全书堪称是三国英豪的表演大会。

二是注意入选对象的重要性。上述七位传主，都是各个阶段的主导性人物，风云际会，龙虎相争，他们对三国时期历史的走向和格局产生了巨大的影响。他们的经历又彼此关联，相互衔接，完整呈现出三国历史发展的主要脉络和重要图景，所以全书又堪称是三国历史的趣味读本。

三是注意文化与历史的有机结合。首先，在评传的正文中，随时注意结合历史事实，探求背后隐藏的文化玄机。比如介绍三国君主最初所选定的年号，即曹丕的"黄初"，孙权的"黄武"和"黄龙"，刘备的"章武"时，就对为何前面两者都带有"黄"字，而后面的刘备却不带"黄"字的奥妙，运用汉代流行的"五德终始"思想文化理念，做出了清晰而可信的解读。其次，又对需要专门介绍的文化知识，集中撰写了《三国知识窗》的七个专篇，即轶闻篇、风俗篇、文化篇、政体篇、概况篇、军事篇、人物篇，分别放在每册评传的附录当中，从而给读者提供更加丰富、系统、真实、有趣的三国文化知识。读者结合正文去读知识窗，反过来又再读正文，必定会有更多的新收获。

总之，这套作品属于一个有机的多维度整体：既是三国英豪的表演大会，也是三国历史的趣味读本，还是三国文化的知识窗口。具有如此创意设计的系列性读物，相信会得到广大三国历史文化爱好者的欢迎。

我在大学从事三国学术研究，并持续将学术成果进行大众化的普及，至今已超过 40 年。因为深知学术普及的重要，所以坚持不懈；又深知学术普及的不易，所以锐意求新。谢谢诸位关注这套作品，让我们讲好三国的故事，并且将之传播到世界。

百年三国风云史，尽在静心展卷中！

方北辰

公元 2023 年 5 月于成都濯锦江畔双桐荫馆

目录

第一章

邺城猎艳

这是汉献帝建安九年（204年）秋八月的一天，在冀州魏郡的郡治邺县（今河北省临漳县西南），一场无比惨酷的攻城大战刚刚结束。

自称大将军兼冀州牧的袁尚，作为战败的一方，匆匆忙忙在黑夜之中向北逃往中山郡（治所在今河北省定州市），从而丢弃了袁氏势力集团雄踞了十四年之久的老根据地邺县城池。

从邺城南面洹水方向杀来的，是东汉朝廷的司空兼兖州

（主要地域在今山东省）州牧曹操。他督促数万精兵围攻邺城半年，终于攻破坚城，如愿以偿，取得双方长期激战的最后胜利。

这袁曹两家，堪称当时割据群雄中势力最为强盛的两支。袁家的代表人物是袁绍。袁绍，字本初，乃豫州汝南郡汝阳县（今河南省周口市东南）人氏。汝南袁氏在东汉后期是海内数一数二的高门名族，史称其"四世居三公位，由是势倾天下"。袁绍以贵公子起兵关东，充当群雄联军的盟主，讨伐在京城洛阳和长安胡作非为的董卓。经过近十年的苦心经营，袁绍最后占有北方的四个州，即冀州（主要地域在今河北省）、青州（主要地域在今山东省）、幽州（主要地域在今北京市、河北和辽宁省）、并州（主要地域在今山西、陕西省和内蒙古自治区），拥兵数十万，成为虎踞黄河以北的最强割据者。

而他的对手曹操，字孟德，系兖州沛郡谯县（今安徽省亳州市）人氏。这沛郡曹氏的门第和声望，比起汝南袁氏来，那就差得太远了。曹操的祖父曹腾，竟是一个宦官。在东汉桓帝时，曹腾任职中常侍、太长秋，封费亭侯，颇为风光了一阵子。不过风光虽然风光，在清流士大夫的心目之中，宦官之流依然是不值一提的"贱民"。曹操的生父曹嵩，是曹腾的养子。曹嵩官至太尉，也是东汉的三公之一，可是因为其养父的宦官身份，曹嵩这块三公的金字招牌总没有那么吃香。曹操懂事之后，为了消除士大夫们对自己的歧视，曾经想方设法与社会名流交往拉关系，甚至强迫汝南名士许劭对自己进行评价。被逼无奈的许劭，只好给他一个"清平之奸贼，乱世之英雄"的评语，令他高兴非常。袁绍带头号召群雄起兵讨伐董卓时，曹操也是参加者之一，但是那时他的实力还很小。凭借他那见机而作和得人而用的出色本事，他后来不仅在黄河以南的兖州（主要地域在今山东省）、豫州（主要地域在今河南、安徽省）、徐州（主要地域在今山东、江苏省）这三州，打下一块大地盘，而且还把汉献帝控制在手中，从而形成了"挟天子以令诸侯"的有利态势。

当此之时，问鼎逐鹿的割据群雄，东南方有江东的孙权，正南方有荆州（主要地域在今湖北、湖南和河南省）的刘表，西南方有益州（主要地域在今四川、云南、贵州、陕西省和重庆市）的刘璋和汉中（治所在今陕西省汉中市）的张鲁，西方有关、陇的马超和韩遂，东北方有辽东郡（治所在今辽宁省辽阳市）的公孙度，另外还有一个寄人篱下的刘备。然而论起实力来，谁也比不过曹操和袁绍这两只分别雄踞于黄河南、北的猛虎。

　　袁绍和曹操，在以往曾经是相互声援的盟友，曾经并肩战斗于疆场，也曾置酒欢会于私邸。不过，到了现今争夺天下第一的位置时，他们全都把过去的殷殷情意抛到了九霄云外，张利爪而舞獠牙，认认真真地干起仗来，不铲除对方誓不罢休了。汉献帝建安五年（200年）的春天，袁绍命令幕僚陈琳，挥毫写了一篇洋洋洒洒的千字檄文，历数曹操的家世老底和本人罪恶，广泛散发给天下州郡。同时动员精兵十万，铁骑一万，浩浩荡荡越过黄河，杀向南岸曹操的根据地兖州。当年十月，曹操以火攻对方粮库的奇计，大败袁绍于官渡（今河南省中牟县东北），斩首达七万余级之多。这一战，袁绍大伤元气，狼狈逃回自己的老窝河北邺城，一年多以后惭愤发病，呕血而亡。

　　袁绍死后，其权位由小儿子袁尚继承。除了袁尚在邺城坐镇冀州之外，还有袁绍的长子袁谭据守青州，次子袁熙据守幽州，外甥高干据守并州，袁氏的残余势力依然不容小觑。可惜得很，袁氏兄弟在此时不思团结自保，反倒骨肉不和自相残杀起来，而且越打越有劲，越打越有味。在黄河南岸坐山观虎斗的曹操，真是有说不出的高兴。他等袁氏兄弟的力量相互消耗得差不多了，这才从从容容进兵河北，前去扫荡袁氏的残余势力。而他进兵河北之后的第一个大战役，正是邺城的攻坚战。

曹操的大军是在二月间抵达邺城的，到达之后就把邺城围得水泄不通。进入仲夏五月，邺城北郊的漳河水流，因为暴雨而猛涨。曹操马上抓住战机，命令大军在城外挖掘深沟，周围长达四十里，然后引导洪水灌注城池。守城袁军苦苦撑持到了八月间，终于回天乏术，以彻底失败告终。

此时此刻，邺县城中社会秩序非常混乱。最先进城的曹军骁将张辽、乐进、张郃、徐晃等人，正指挥下属将士到处搜捕敌方的残兵败将。因住宅被水毁坏而无家可归的庶民百姓，又哭又叫，四散躲藏。道路满是泥泞，丢弃的兵器、粮食、衣物，一片狼藉。

但是，在邺城西北的一条通衢大道上，秩序却是出奇的平静。除了大道东西两端各有一队精锐骑兵把守之外，长约一里的街面上阒无一人。街道两侧，朱门列峙，华宅林立。原来，这就是袁绍官府和私宅所在的西大街。

早在邺城即将陷落之际，曹操就给自己的侍从卫队长许褚下了一道密令：一旦城破，许褚立即率卫队武士千人，前往西大街设立警戒线，严防乱兵趁机抢劫公私财物，滋扰袁氏家眷，破坏官府档案。这许褚字仲康，乃是曹操的小同乡。其人身长八尺有余，腰大十围，容貌雄毅，勇力绝人，曾以一手紧持壮牛之尾，曳牛倒行百余步，曹军上下皆称之为"虎痴"。当时的一尺，约合今 24 厘米，八尺有余的身高，相当于现今的两米左右。许褚不仅骁勇非常，而且奉职忠谨，极受曹操的信任。曹操深知：袁氏雄踞河北多年，府邸中积聚的金银宝物自然不在少数，不要说溃散的袁军，就是自家的部属中，也难免没有怦然心动者；如果不派许褚率领帐下卫队前去保护弹压，袁氏府邸就很可能被洗劫一空。果不其然，许褚领兵进入预定位置不久，即有多批军人企图闯入西大街来发横财。那许虎痴也不客气，抓住几个领头者就开刀。血淋淋的人头确实具有震慑力，西大街的秩序立刻平静下来。

接近正午时分，城中的极度混乱状态总算结束。所有的守城袁军将士，都被查获并押送到城南郊外集中。无家可归的流散百姓，则被送往城东的临时居住点安置下来。一批应召而来的民工，也开始清扫城内的主要街道。

这时，从南郊的曹军大营中，飞也似的驰出一支四五十人的骑兵。他们从南面三道城门中处于中间位置的章门扬鞭入城，旋风一般掠过南大街后，左转向西，直奔袁氏府邸所在的西大街而去。在头前那匹出自塞北的黄骠马上，一位青年将军巍然端坐，控驭自如。他一身戎装，背负雕弓，腰佩宝剑，身材适中，仪容不凡。这员青年将军不是别人，便是司空曹操的嫡长公子，本书的主人公曹丕。

曹丕，字子桓，生于汉灵帝中平四年（187年），按照当时人们所用的虚岁来计算，这时年方18岁。曹丕的生母卞氏，乃是曹操的继室。曹操初娶夫人刘氏，刘氏早亡，所生一子，即曹操的大儿子曹昂，亦在七年前死于征战之中。刘氏之后，曹操又娶丁氏为夫人。丁氏无子，且与丈夫性情不合，不久便被曹操废黜。丁氏被废，代之主持家务者即是卞夫人。这卞氏出自当时低贱的倡家，也就是靠表演歌舞为生的艺人后代。卞氏最初属于曹操的小妾，后来之所以能够上升为嫡室的正房配偶，除了本人品行贤淑之外，又还因为她一口气给曹操生了四个宝贝儿子，有了非常突出的贡献优势。其长子即是曹丕；次子曹彰，字子文；三子曹植，字子建；四子曹熊，其字不详。曹氏兄弟生于扰攘之世，长于军旅之中，故而自小即兼习文武，随父征战四方。此时的曹丕驰往西大街袁氏府邸，就是遵奉父命前去巡视督察。

曹丕一行来到西大街的东口，向许褚转达了曹操的口谕。许褚不敢怠慢，随即亲自陪同大公子四处察看。曹丕首先进入街南的两座官署，即此前属于袁绍父子的大将军府署和冀州牧府署，举目四望，只见各处房屋的门窗均已查封，文书档册及符节印信等也完好集中保存，毫无毁损遗失，除了自家的警卫士兵之外，别无其他闲杂人员在内停留。曹丕向许褚投去赞赏的一笑，然后转身出来，跨过大街，步入街对面的袁氏私家住宅。

袁氏住宅极其宏敞富丽，连曹丕这个见过大世面的贵公子也暗中赞叹不已。不过，此时此刻，偌大一座高墙深院之中，却难得见到一个人影。袁家的成年男子，或随袁谭和袁熙到了青州和幽州，或随袁尚狼狈外逃到中山郡。袁家的奴婢，大多也趁混乱逃出袁府，回转故乡去了。余下数十名妇幼老弱，躲在各自的房中哭泣呻吟，等待那不测灾祸的到来。往日的繁华不复存在，庭院内外一片凄清。

曹丕穿过大客厅，来到通往内院的门前。他挥了挥手，让大多数侍卫留下，只带了四五名随从与许褚进入内院。

内院正房前面的大道两旁，上百株桂花开得正盛，阵阵浓香袭人。曹丕心情为之一爽，略作停留之后，缓步登阶入室。

正房的前厅布置得相当典雅，东壁陈列着前贤往哲所撰写的典籍，西壁悬挂着能工巧匠所制造的刀剑，正中则平铺一张锦席，席前端放一架玉面几案。这里是袁绍生前的起居之处，可是昔人已经离去，此刻只有两名妇女在东面的屋角站立垂泪。她们发觉有人进来，立即吓得全身发抖，满脸惊惶。

　　许褚低声向曹丕介绍这两名妇女的身份。那位五十余岁的老妇，乃是袁绍的嫡室夫人刘氏。而另一位年纪不过二十岁左右的少妇，则是袁绍次子袁熙的夫人甄氏。刘氏体衰多病，所以甄氏留在邺城侍奉公婆，没有随丈夫袁熙前往幽州。

　　曹丕听罢，点了点头，随即向婆媳二人走去。那蓬头垢面的年轻甄氏，连忙往婆婆背后躲藏。而刘氏则以为死期将至，口中不住哀告"将军饶命"。曹丕见了，心中陡然起了恻隐之心，于是和颜悦色地说道："刘夫人不必如此。我是曹丕，家父叮嘱我代他向夫人转达问候之意。"

　　刘氏当然知道曹丕是何许人也，赶忙整衣施礼。曹丕又走到甄氏面前，甄氏依然垂头不语。曹丕见她颈肤洁白，真如《诗经·卫风》所言"领如蝤蛴"，不禁怦然心动。他伸出右手，轻抚甄氏脑后的长发，让对方抬起头来。甄氏满面泪痕，梨花带雨，令人爱怜。于是，曹丕又以左手抽出自己的汗巾，亲自为甄氏拭净颜面。这一下，好比是玉镜台拂去尘埃，芙蓉花抖掉泥水，一个绝色佳人便站在多情公子的面前，把那曹丕看得称叹不已。

　　当下曹丕便留下几名心腹侍从守护袁氏的内院，又吩咐许褚给袁府送一批粮食及日用之物，然后快步离开袁宅，上马出城向父亲复命去了。

曹丕对甄氏的一番温柔举动，刘氏当然看在眼里，明在心里。起初，她认为曹操破城之后，定会把袁氏的家眷老小，杀得一干二净，因为曹操报复性杀人之厉害，那是天下出了名的。但是就目前的情况看来，曹大公子对甄氏情意深长，甄氏如果改做了曹操的媳妇，袁氏一家老小的性命大概就保得住了。想到这里，刘氏一把抱住羞态犹存的媳妇，说道："儿呀，我们不会死了！"

刘氏的判断没有错。曹丕回到城南的大营后，即径直进入中军大帐去见父亲，并且在报告巡察结果之后，正式提出迎娶甄氏的要求。在当时的战乱时代，女性改嫁，男性迎娶再婚女性，那是常见之事，并无违背礼制的限制，所以曹丕提出这一要求，也很自然。

曹操一听儿子要娶甄氏，不由得心中一怔，他拈须沉思，半晌无语。曹丕见一向做事决断的父亲犹豫不答，不免焦躁起来。他哪里知道，老头子正面临着一个痛苦的选择呢。

原来，曹操早就风闻袁绍的二儿媳妇甄氏天香国色、倾国倾城，所以存下了取之自娱的心愿。曹操其人，有一个极为糟糕的癖好，这就是喜欢掠夺他人的美貌妻室。在此之前，他就曾把骠骑将军张济的夫人，吕布部属秦宜禄的前妻，大将军何进的儿媳，一并夺取纳为小妾。其中的秦宜禄前妻杜氏，最初居住在下邳（今江苏省邳州市南）。建安三年（189年）十二月，曹操围攻吕布于下邳，当时刘备、关羽、张飞尚在曹操麾下效劳，协助进攻吕布。关羽得知杜氏美貌而贤惠，就一再请求曹操在破城之后，把杜氏赏赐给自己。无论做什么事都机警过人的曹操，这一次也不例外，他立刻怀疑杜氏是不是一个绝色女子。等到攻破下邳城池，曹操先就派人把杜氏请来见面。一见果然是天生丽质，当下就收入后房为妾，把那关云长气得咬牙切齿，却也无可奈何。此次围攻邺城，曹操一心想要夺得甄氏，作为自己迎接五十大寿的礼物，不料儿子却先动了掠美之心。答应儿子的要求又心痛难舍，不答应又担心儿子记恨自己，让旁人暗中耻笑，所以沉思不决，半晌无语。

经过一阵激烈的思想斗争，曹操终于下定决心成全儿子的好事。儿子尚未结婚成家，而自己的后房早已是姬妾列侍，佳丽如云，又何苦再抢夺儿子好不容易才遇到的倾心之女呢？于是，他答允了曹丕的要求，并且随即与儿子一起，先入城慰问了袁氏家属一番，然后又出城至西郊，祭扫了袁绍之墓，算是正式认可了这门婚事。

当月，曹丕与甄氏在邺城结为夫妇。这一年，曹丕18岁，而甄氏已23岁。两年之后，甄氏产下一子，这就是后来的魏明帝曹叡。郎才女貌，美好姻缘，人人称羡，这也不消细说。而年轻多情的公子曹丕，面对美丽温柔的娇妻，真是心满而意足了。但是他哪里想得到，这段姻缘在今后，却会面临极具悲剧性的后果，而且这种后果还对曹魏皇朝的现实政治，造成了种种阴暗的影响呢！这正是：

美好姻缘人羡慕，谁知结局是伤悲！

要想知道曹丕接下来的日子过得如何，还有哪些欢快愉悦，又有哪些凄凉感伤，请看下文分解。

第二章

南皮畅游

　　袁氏父子长期盘踞的根据地邺县城池，乃是冀州下属的中心城市。曹操攻占冀州之后，汉献帝立即下诏，委任曹操为兼职的冀州牧。由于当时的汉献帝，完全是曹操控制的傀儡，所以这项任命乃是曹操"自买自卖"的把戏。东汉后期的行政区划，是州郡县三级制度：全国分为十三个州，下辖上百个郡、上千个县。每个州的行政长官通常叫作"刺史"，资历深的又特称为"州牧"。

　　不过，曹操虽然弄到了冀州牧的官衔，在此时却并未能控制整个冀州，因为据守青州的袁绍长子袁谭，已经越境蚕食了冀州东北部的勃海、河间、安平、清河等郡国（治所分别在今山东省南皮县北、河北省献县东南、河北省冀州市、山东省临清市东北）。为了进一步扫荡袁氏的残存势力，完全控制黄河北岸的整个地域，当年冬天曹操又亲率大军进攻袁谭，同时命令曹丕镇守大后方的中心城市邺城。

　　曹操挥师北上之后，曹丕在邺城度过了半年多一点的快乐时光。

　　在内有娇妻做伴，儿女情长。那甄氏出自名家，祖上世代为官不说，更兼门风笃礼好学。甄氏深受家庭氛围的熏陶，自幼喜好读书习文。偏巧曹丕也是一个酷好文学之人，所以夫妇之间颇有共同语言。在曹丕这一方来看，妻子不仅外有沉鱼落雁之容貌，而且内含灵心蕙质之禀赋，那怜爱之心自然倍加深厚了。而在甄氏这一方面来看，虽然起初对曹丕强夺人妻之举有所不满，但是看到曹丕对自己之爱出自真心，而且新丈夫比旧丈夫还更有才干，更懂感情，也就把那一种天生的温柔，无所保留地奉献给曹丕。这样一来，两情相悦，彼此只恨相见太晚，竟觉得前人表现夫妻恩爱的两个著名典故，即张敞画眉、孟光举案，也不过如此了。

　　至于在外面，曹丕又有一批娴于骑射的下属相随，可以在郊野尽情驰骋射猎。驰骋射猎是曹丕的一大癖好，而这一癖好的形成可以说是由来已久。原来，曹丕兄弟正好生长在东汉末年干戈扰攘而其父举兵创业的战争时代。曹操为了培养儿子们适应严酷环境的能力，自其幼年时起，即派专人教他们学习骑射。曹丕作为卞氏的长子，在这方面受到的训练就更加严格。后来曹丕写了一篇《自叙》，其中就说：

余时年五岁，上以世方扰乱，教余学射；六岁而知射，又教余骑马；八岁而能骑射矣。

意思是说，我在五岁的时候，父亲认为社会正处于扰乱之时，就决定教我学习射箭；六岁时学会怎样射箭之后，又教我学习骑马；到了八岁的时候，我就能够在骑马奔驰时又弯弓射箭了。

男孩子天性好动，骑骏马，举雕弓，驰骋于长林丰草之中，追逐射杀各种猎物，那是何等的惬意！从此，曹丕对骑射就上了瘾，一有机会便要到郊野欢乐一番。此次曹丕受命镇守邺城，而邺城周围又平静无战事，他正好利用训练军队之机会，时时出外射猎。在多次的骑马射猎之中，他对第二年春三月的一次出猎最为满意，因为此次手风极好，获得的猎物奇多。多年之后他写《自叙》时，还对此事记忆犹新，从而写下了一段生动的回忆文字。他说：

> 建安十年，始定冀州，濊、貊贡良弓，燕、代献名马。时岁之暮春，勾芒司节，和风扇物，弓燥手柔，草浅兽肥，与族兄子丹（指曹真，字子丹）猎于邺西，终日手获獐鹿九、雉兔三十。

意思是说，建安十年（205 年），刚刚平定冀州之后，东北边的濊、貊部落贡献了制作精良的弓箭，北面的燕国故地、代郡又贡献了著名的骏马。这时是暮春三月的时节，和暖的春风吹拂万物，弓弦干燥而手臂灵活，芳草不高而野兽正肥，我与族兄子丹在邺县西郊射猎，一天下来亲手获得丰厚猎物，共有獐子、麋鹿九头，雉鸡、野兔三十只。

可惜这样的快乐时光只持续了半年。建安十年（205 年）四月，曹丕接到父亲下达的手令，要他迅速赶往邺城东北八百里外的南皮县（今河北省南皮县北）。军令严急，他只好暂时告别娇妻，领兵只身前往。一路之上，他心情抑郁，闷闷不乐，完全没有想到南皮之行将会是一场令他刻骨铭心的游历。

　　原来，这南皮县乃是冀州勃海郡的郡治所在。曹操以重兵扫荡袁谭于青州，袁谭抵挡不住，只好向北撤退到南皮县一带固守。建安十年（205年）春正月，南皮县城被曹军重重包围。曹操亲执枹鼓以厉三军，将士无不奋勇争先，南皮城池当即被攻克。曹操下令诛杀袁谭及其妻室儿女，至此冀州全境尽入曹操之手。冀州的局势刚刚稳定，不料在其北面的幽州却又动荡起来。首先是幽川南部的涿郡（今河北省涿州市），发生了以赵犊、霍奴为首的武装暴动，幽州刺史和涿郡太守都被杀死。接着，居住在辽东属国、辽西郡和右北平郡的少数民族乌桓，即史书所说的"三郡乌丸"，又越过卢龙塞（今河北省喜峰口一带），向西进攻幽州中部的渔阳郡（治所在今北京市密云区西南）。幽州的南边与冀州接壤，因而幽州的动荡，直接影响到南面冀州的安定，于是曹操决定继续率军向北，对幽州进行军事清剿。曹操率兵北进，南皮这一刚刚控制不久的军事要地须得有可靠之人镇守。曹丕此番奉命前往，正是去承担这一项重任。当然，曹操此举，也有让曹丕得到实际历练，以便今后担当更大责任的意图在内。

　　曹丕到达南皮之后，很快就把留守事务处理得井井有条。理顺公务之后，他开始与父亲的幕僚们广结友谊。这下他才惊奇地发现：此时此刻，小小南皮县城之中，竟然聚结了一大批当时的文学精英人物，真可谓群星灿烂而光耀一时了。

后世评价东汉建安年间的文学创作，纷纷认为这是中国古典文学发展史上的一个高峰时期。而这一时期的代表作家，乃是"三曹"加上"七子"。所谓"三曹"，是指曹操、曹丕和曹植父子。所谓"七子"，即"建安七子"的简称，系指孔融、陈琳、王粲、徐干、阮瑀、应玚、刘桢。这"七子"都是文坛健将，翰苑超人，而且各有所长，各有特色，用曹植的文辞来形容，乃是"人人自谓握灵蛇之珠，家家自谓抱荆山之玉也"。当此之时，除了孔融远在南边东汉朝廷的临时首都许县（今河南省许昌市），王粲依附荆州的刘表而缺席之外，其余的"五子"，即陈琳、徐干、阮瑀、应玚和刘桢，全都在南皮城中。这对酷爱文学创作的曹丕而言，确实是再高兴不过的事了。

为何此时的南皮县会得到天上文曲星的高照，使得"七子"之中的五位都在此相会呢？原来，曹操平定冀州之后，听从谋士郭嘉的建议，广泛礼聘青、冀、幽、并诸州的社会名流，充当自己府署中的幕僚下属，这五位文学才俊就在这时被曹操网罗到了麾下。曹操出兵远征幽州，下令精简兵马，他们五位文士都留在南皮待命，恭候曹大公子的到来。

对于这五位文学名家，曹丕那是慕名已久了，而且对他们的家世和文学才情，也有相当深入的了解。

陈琳，字孔璋，乃扬州广陵郡射阳县（今江苏省宝应县东）人氏。其人最为擅长草拟公务文书，此外以乐府古题来作新诗的功夫也十分了得。他起初在大将军何进手下任下属，其后京城洛阳发生大乱，何进被宦官杀死，陈琳被迫逃往冀州投奔袁绍，为袁绍主拟公文。建安五年（200年）正月，袁绍兴兵十万南下进攻曹操，临行前发布的那篇昭告天下州郡的千字檄文，便出自陈琳之手。在这篇气势充沛的檄文中，他先是把曹操的宦官祖父曹腾，还有花费巨资买官的生父曹嵩，双双拉出来示众，痛揭其老底说：

> 司空曹操祖父腾，故中常侍，与左悺、徐璜并作妖孽，饕餮放横，伤化虐民。父嵩，乞丐携养，因赃假位，舆金辇璧，输货权门，窃盗鼎司，倾覆重器。

意思是说，司空曹操的祖父曹腾，是过去的宦官中常侍，与宦官左悺、徐璜等人一起干下坏事，贪得无厌而放纵横蛮，败坏风化和伤害民众。其生父曹嵩，是曹腾乞求他人抱养而来，凭借赃款买来官位，用车辆载上黄金、玉璧，前去贿赂掌权的宦官，从而窃据了三公之中顶尖的太尉官职，败坏了国家的重要权力。

接下来，檄文又历数曹操这个"赘阉遗丑"的多项"罪恶"。全文一气呵成，骂得痛快淋漓，援笔疾书的陈琳根本没有想到，日后自己竟然会变成曹操的俘虏。曹操平定冀州，陈琳被活捉生擒，他想这下子恐怕要一命呜呼了。谁知道曹操爱惜陈琳出色的文才，作出了难得一见的举动，即赦免他无罪而不追究，还把他安置在自己的府署之中任职。只是责备他道："爱卿昔日为袁本初撰写檄文，只罗列我的罪状也就足矣，何必还要骂我的父亲和祖父呢！"

徐幹，字伟长，青州北海国剧县（今山东省昌乐县西）人氏。徐幹的特点是长于论议，兼善辞赋和诗歌。他不喜欢官场中追名逐利的风气，在诸子之中是名利心思最为淡薄的一位。

阮瑀，字元瑜，兖州陈留郡尉氏县（今河南省尉氏县）人氏。他年轻时曾经受教于东汉三大文化伟人之一的蔡邕，即蔡文姬的父亲。其后，一直以撰写公务文书而扬名。魏晋之际的玄学大名士兼大诗人阮籍，便是阮瑀的公子。

应场，字德琏，豫州汝南郡南顿县（今河南省项城县西）人氏。南顿应氏，是东汉时期的宦学名家。论宦，号称"七世通显"，即接连七辈人都能显名官场；论学，又是"代有才人"，即每代人都学问出众。应场能诗善文。其弟应璩，字休琏，文才亦不逊于兄长。兄弟二人，并称为文坛的"二应"。

还有刘桢，字公幹，乃兖州东平国宁阳县（今山东省宁阳县南）人氏。其人性格豪放不羁，他把胸中的一腔豪气，尽情从笔端飞扬出来，因此以五言诗作而见重于当时。

至于曹丕本人，虽然自幼成长在军旅之中，然而在他那位好学嗜书以至于"手不释卷"的父亲培养下，却能从小诵读《诗经》《论语》，长大之后遍读五经，《史记》《汉书》和诸子百家之言，也全都细细阅览。他的散文写得非常漂亮，乐府诗作更是写得"便娟婉约，能移人情"，所以后来南朝刘勰在其文学评论巨著《文心雕龙》中，给了曹丕一个"魏文之才，洋洋清绮"的高度评价。更为难得的是，曹丕不仅能对当时的诗文作家给予非常中肯和客观的评价，而且还对"文人相轻"的歪风邪气很不以为然。上面介绍的建安诸子也是如此，尽管他们都是学富五车而倚马可待的大手笔，然而彼此却能推重佩服，不似后世的庸俗文人，自己才调不高，作品平庸，却一味热衷贬损他人，以此抬高自己。正是因为如此，所以在当时的文坛，又兴起了对文学作品进行评论的新风气，而推动这一优良风气的核心人物，就是熟悉文学创作甘苦的曹丕本人。

于是乎，曹丕很快就和上述诸文士结成莫逆之交，他们在一起研讨学问，评赏诗文，可谓卓识冠千人，高谈惊四座。简直把南皮县城南那一座曹丕的留守长官府邸，变成了实实在在的文学沙龙，而且是中国历史上最早出现的文学沙龙了。

这一年仲夏五月的初五日，天朗气清，惠风和畅。曹丕出面邀集诸文士及其他亲友，举行了一次兴高采烈的游乐活动。参加者除上述"五子"之外，据曹丕自己的记载，还有曹丕的密友吴质，协助曹丕镇守南皮的军事将领曹休和曹真。吴质，字季重，兖州济阴郡鄄城县（今山东省鄄城县北）人氏，他以才学通博、智计不凡而得到曹丕的礼爱。曹休，字文烈；曹真，字子丹。此二人与曹丕，乃是从小相处在一起的同族兄弟。

当日清晨，曹丕一行开始出发，缓缓驰向南皮县城的西北郊。诸人的两臂上，都分别系上一条五彩的丝绳，这叫作"长命缕"，又名"五色丝"。在东汉之时，五月初五日系上长命缕以辟邪消灾，祈求长命百岁，并到郊野采香草以去除传染疾病的疫气，乃是当时北方人民的常见风俗。至于南方的民众，在这一天大多都要烹煮"角黍"作为特色食品，也就是现今所说的粽子，同时还要竞渡舟楫于江河之上，以纪念楚国先贤屈原，这就是后世端午节的先河。

不到半个时辰，诸人已经到达西北郊四五里处的清河岸边，只见滔滔河水从西南方向逶迤流来，云影波光，令人心旷神怡。诸人相继下马，或濯足江流之畔，或行吟芳草之中，莫不暂时去除尘俗之心，徐缓收纳自然之气。曹丕坐在岸畔一块巨石之上，对众人说道："观诸位之举止，皆非建功立名的庙堂之臣，倒像是枕石漱流的山林之士了。"众人闻言欢笑不已。

时至中午，大家复又上马回城，齐至城南曹丕的府邸聚餐畅饮。只见宽敞厅堂之上，列设几案坐席。众人入席跪坐之后，旁边一队乐伎便奏起悠扬的宴会曲。接下来，清河之中的肥美鲤鱼，中山郡特产的陈酿美酒，便由侍者不断传送上来，摆满了各人面前的几案。曹丕高举满盛美酒的羽觞，向下首的众人致意，大家也举觞作答，开怀畅饮。酒过三巡，曹丕挥了挥手，一名歌女翩然而至，启朱唇，发妙声，唱了一支《古歌》以助兴。只听得她唱道：

上金殿，著玉樽。

延贵客，入金门。

入金门，上金堂。

东厨具肴膳，椎牛烹猪羊。

主人前进酒，弹瑟为清商。

投壶对弹棋，博弈并复行。

朱火飏烟雾，博山吐微香。

清樽发朱颜，四坐乐且康。

今日乐相乐，延年寿千霜！

那妙龄歌女且舞且歌，且歌且舞，合座皆称赏不绝，酒兴大增。接下来她又断断续续唱了十多首歌曲，而众人也就从日丽中天之际，一直欢饮到了夕阳西下之时。

傍晚时分，余兴未尽的曹丕，又领着大家来到后园的凉亭小憩。这座凉亭修建在一汪清池侧畔，而池水则来自园西的几泓甘泉，泉水冬暖夏凉，四时充沛。宾主落座，侍从立即把在泉水之中浸置多时的时令果品，一一呈上几案。那素白色的是瓜，朱红色的是李。素瓜盛于朱盘，朱李盛于素盘，看起来已经令人赏心悦目，食之更是清凉甘甜，爽口之极。须知这种夏季在清凉泉水当中浸置瓜果的办法，就是古人最早冰镇食物的秘方。众人醉意半消之后，又乘兴漫游于后园之内。此时，一轮明月慢慢升上天际，照得大地一片清辉。刚刚还口若悬河的诸位文士，此时都悄然无声了。他们不是兴尽，不是词穷，而是不愿打破这一种近于神秘的美妙宁静气氛，不愿扰乱彼此平和酣畅的心境。忽然，远处飘来一阵胡笳之声，其音调悠扬而高亢，透露出几分悲凉情绪。曹丕知道，这是南郊军营中的乌桓族骑兵在吹奏边塞民歌，他心里慢慢萌生出一缕伤感，遂止步对众人说道："今日欢会，可谓良辰、美景、赏心、乐事这四美齐备了。不过，天道忌盛满，人事多变故，如今日之欢会，此后恐怕不会常有啊！"

众人都深有同感，乐往哀来，更是默然无语。大家就这样静静地穿过茂林芳草，绕园一周，接近半夜时才各自散去。

这一次南皮畅游，在曹丕的心中留下了难以忘怀的印象，以至于十年之后，他还在《与吴质书》一文中，饱含深情回忆其种种细节，对阮瑀的不幸逝世充满悲伤。他深情写道：

> 每念昔日南皮之游，诚不可忘。既妙思六经，逍遥百氏。弹棋闲设，终以博弈。高谈娱心，哀筝顺耳。驰骛北场，旅食南馆。浮甘瓜于清泉，沉朱李于寒水。曒日既没，继以朗月，同乘并载，

以游后园。舆轮徐动，宾从无声。清风夜起，悲
笳微吟。乐往哀来，凄然伤怀。余顾而言："兹
乐难常！"足下之徒，咸以为然。今果分别，各
在一方。元瑜长逝，化为异物。每一念至，何时
可言！

不过，就深层的影响而言，南皮畅游给十九岁曹丕留下
的，还不在于这种深刻难忘而悲喜交加的回忆，而在于以下
的四个方面。

第一，从人生的成长过程来看，这是曹丕进入二十岁成
人阶段前主持的第一次大型社交活动，而活动的成功，使他
对社交产生了强烈的兴趣。从此，他以礼贤下士的姿态，在
各界广交朋友，大结善缘，逐渐形成一支拥护自己的潜在政
治力量。他之所以能在日后争夺继承人位置的激烈较量中战
胜胞弟曹植，主要原因就是得力于此。

第二，从日后的政治影响来看，曹丕由此深深体会到，
在山水林泉之间逍遥自在，完全放松自己身心的真正乐趣。
所以到了后来他当上皇帝，充分具有自由权力之后，他就长
期四处巡游，并且让心腹司马懿镇守后方的京畿重地。这样
一来，就为司马懿发展势力创造了有利条件。司马氏之所以

后来能够取代曹魏，其初始的发端原因之一就在于此。

第三，从中国古典的文学发展来看，曹丕在这次畅游中，第一次经历了"乐往哀来"的主观情绪大转换，从而萌生了人生无常而文学作品方能永恒的看法。此后，他曾一再强调文学创作的社会价值，成为历代帝王中最早给予文学创作以高度评价者，并因此而在中国古典文学批评史上占有重要的位置。

第四，从文学的作品创作来看，他的这一篇《与吴质书》，又因为其特殊的价值，成为后世传诵的名篇。在中国古典诗文中，这种"乐往哀来"型的作品很多，几乎可以自成一个系列。例如，在曹丕之前，就有汉武帝的《秋风辞》：

横中流兮扬素波，箫鼓鸣兮发棹歌，欢乐极兮哀情多，少壮几时奈老何！

还有东汉《古诗十九首》之四：

今日良宴会，欢乐难具陈。……人生寄一世，奄忽若飘尘！

在曹丕之后，则有著名的王羲之《兰亭集序》：

是日也，天朗气清，惠风和畅。仰观宇宙之大，俯察品类之盛，所以游目骋怀，信可乐也。……向之所欣，俯仰之间，已为陈迹，犹不能不以之兴怀；况修短随化，终期于尽？古人云"死生亦大矣"，岂不痛哉！每览昔人兴感之由，若合一契，未尝不临文嗟悼，不能喻之于怀。

为何会"乐往哀来"？因为人生苦短，世事难料，导致欢乐总是短暂而难以持久，所以即使处在欢乐之中，一想到这一点就不免悲从中来。可见"乐往哀来"系列诗文作品的出现，与中国古代文化中的人生感伤哲学直接相关。而曹丕的《与吴质书》，正因为很早就发出这样的感慨，所以才有了特殊的文学价值。

曹丕在南皮只居留了半年左右。当年年底，他又奉召返回邺城。这正是：

南皮小县文星聚，谁料后来影响深。

要想知道曹丕回转邺城之后，他又会与哪些人进行接触交往，又会发生怎样的有趣故事，请看下文分解。

第三章

兄弟情深

光阴荏苒，不知不觉间曹丕回转邺县已经两年。

在此两年间，其父曹操统一北方的计划进行得十分顺利。他于建安十一年（206年）消灭了割据并州的高干。又在次年大举出兵塞外，彻底平定了辽东三郡乌桓族的反抗，杀死袁熙、袁尚兄弟，使幽州的局势基本安定。至此，除了关陇和僻远的辽东之外，北方已经全部归于曹操控制。曹操这两次领兵出征，都留曹丕在邺城镇守后方，而曹丕的表现，大体也能够得到"称职"二字的良好评价。

建安十三年（208年）春正月，曹操自塞外凯旋回师邺县。他立即下令在邺县城外的西北郊，修建一个巨大的人工湖，引导漳河之水入湖，用以训练水军，为此后南征荆州的刘表预作准备。四月初，大湖建成，曹操以其位于城北稍偏西，而中国古代文化中，东南西北四方，分别与青龙、朱雀、白虎、玄武这四种吉祥动物相配，其中与北方相配者为玄武，故而命名为"玄武陂"。陂者，湖也，池也。

曹丕听说新修成的玄武陂碧波万顷，风光无限，顿时起了邀约诸兄弟同游共赏之心。诸兄弟自然很兴奋，吵吵嚷嚷要曹丕这位大哥哥立即去准备一切。此时的曹丕不过二十二岁，而他所邀约的小兄弟则有如下四位：

曹彰，字子文，曹丕的同母弟，时年约二十岁。

曹植，字子建，曹丕的同母弟，时年十七岁。

曹冲，字仓舒，曹丕的异母弟，时年十三岁。

曹彪，字朱虎，曹丕的异母弟，时年十四岁。

谁料想天有不测风云，人有旦夕祸福。就在曹丕兴冲冲地筹备出游事宜之际，小兄弟之一的曹冲却突然染上重病，卧床不起了。

这曹冲乃曹操的小妾环夫人所生，从小就聪明得出奇。在他五六岁时，其智力水平连一般的成年人也未必赶得上和比得过。那时候南方的孙权，一度曾与北面的曹操搞好关系，以便抽出力量来经营长江上游的荆州。孙权向曹操贡献一批地方特产之物，其中就有一头北方罕见的大象。曹操对大象颇感兴趣，很想知道其体重究竟有多少。然而要想直接称出重量，又在何处找得到如此巨大的秤量衡器呢？这个难题不仅难倒了机智过人的曹操，而且令他帐下的那批谋略之士也都束手无策。曹冲得知之后，马上给父亲提出一个巧妙的解决办法，他说："可以把大象牵到一艘大船之上，令人在船身外侧水面到达的高度上刻下记号，再牵象下船，另外往船上装运可以分散称量的物品，直至船身外侧的水面到达刻痕为止。这时，只要逐一称量出船上所载物品的重量，加在一起不就知道了大象的体重了吗？"

曹操一听大喜，马上吩咐如法施行，果然获得成功。陈寿《三国志》中所记载的这则"曹冲称象"佳话，从此流传后世。这位曹冲不仅具有一个智者之脑，而且还怀着一颗仁者之心。一次，曹操专用的马鞍被库房中的老鼠咬坏了一角，当时就把管库的官吏吓得半死，因为他深知曹操持法严厉，如若得知此事，定会将自己斩首。库吏正在惊惶之中，知情的曹冲却来拯救他了。曹冲对库吏说道："你不必害怕。三天之后，你主动去向主公自首，我会保你无事。"

库吏唯唯而去。曹冲马上暗中用刀把自己的单衣弄出了几个洞，看起来很像是被老鼠咬坏的样子，然后装出一脸愁云。曹操见爱子双眉紧锁，当然要问个究竟。曹冲回答说："人们都说，衣裳若被鼠咬破，乃是不吉之兆。昨夜我的单衣就被鼠咬破了，故而心中很是忧虑啊。"

曹操一面摸着爱子的破衣，一面安慰道："这都是俗人的妄言，大可不必担心。"

两天之后，库吏前来向曹操报告马鞍被鼠咬伤之事，并且请求给予失职的处分。曹操一听笑道："我儿之衣放在身旁，都要被鼠咬破，更不用说悬挂在库房木柱之上的马鞍了！"

于是，那名库吏便安然逃过了鬼门关。曹冲凡是遇到勤劳的办事吏员，偶尔发生工作上的失误，总是会为他们在父亲曹操面前陈述理由，请求宽大处理，前前后后竟然挽救了数十人的宝贵生命。

对于这样一个"仁爱识达"而且"容貌姿美"的儿子，曹操自然是特别的看重和宠爱。他经常在群臣面前称赞曹冲，很有想立曹冲为继承人的意思。而今爱子竟一病不起，曹操这位叱咤风云的英雄，也食不甘味、寝不安枕起来。他遍延名医，甚至亲自祝祷上苍，祈求天神赐延曹冲之生命。可惜这一切都无济于事，当年五月十九日，十三岁的曹冲终于不幸夭亡。

当此之时，曹氏兄弟之间的感情确实相当深厚诚挚，因为世俗的利害之争尚未侵蚀进去。曹丕与曹冲虽不是同母的兄弟，然而多年以来，曹丕爱怜聪明的弟弟，曹冲尊敬稳重的哥哥，关系与骨肉同胞别无二致。小弟夭亡，曹丕大为悲痛，以至于一连几天，他都魂不守舍，兀自发呆。

曹冲的丧事，按照当时礼制妥善办理。安葬的日期已经预定在六月初一日乙酉这一天上午，墓穴位于邺城西郊的土岗之上。曹丕望着躺在灵床之上的曹冲遗体，暗想如此灵秀的少年行将入墓，不是如同放置玉树于粪土之中么？禁不住悲从中来，他决定亲自为亡弟撰写一篇祭奠的诔文，以抒怀抱。

当天晚上，夜静更深，曹丕悄然独坐，援笔为诔，其文辞曰：

惟建安十有三年，五月甲戌，童子曹仓舒卒，呜呼哀哉，乃作诔曰：

于惟淑弟，懿矣纯良。诞丰令质，荷天之光。既哲且仁，爰柔克刚。彼德之容，兹义肇

　　行。……宜逢介祉，以永无疆。如何昊天，凋斯
　　俊英？呜呼哀哉！

　　才写下序言和赞美曹冲优秀品质的这一段，泪水已经模糊了他的双眼。幼弟的音容笑貌，似乎就在烛光之中若隐若现，而充塞在他的心间者，只有"人生无常"这四个字。他搁笔拭泪，镇静片刻，复又提笔抒发他的深沉感慨：

　　惟人之生，忽若朝露，促促百年，曁曁行暮。
　　矧尔既夭，十三而卒。何辜于天，景命不遂？兼
　　悲增伤，佗傺失气，永思长怀，哀尔罔极！

　　接下来，曹丕笔势一转，着力描绘行将举行的丧礼将是如何备极哀荣，大批的姻亲和百官，将会倾城而出为其送葬：

　　贻尔良妃，禭尔嘉服。越以乙酉，宅彼城隅。
　　增丘峨峨，寝庙渠渠。姻媾云会，充路盈衢；悠
　　悠群司，岌岌其车；倾都荡邑，爰迄尔居。魂而
　　有灵，庶可以娱。呜呼哀哉！

写完这篇文情并茂的哀诔，曹丕再一次潸然泪下，而此刻已是次日黎明时分了。

数日之后，曹冲的葬礼如期举行。与曹冲灵柩合葬一穴者，竟然还有一具少女之棺。此女姓甄，乃是曹丕之妻甄夫人的同族。甄氏少女早年夭亡，此次曹操出面，移来甄氏之棺，也算是替未婚而夭的曹冲娶了一位"窈窕淑女"为妻了。上述曹丕的诔文中，有"贻尔良妃"一句，就是指这件近乎荒唐之事。

葬礼之上，曹丕代表诸位兄弟，宣读了他的诔文，当时就把在场众人念得大放悲声。在回城途中，曹丕与曹彰、曹植同乘一车，三人半晌无语。后来，还是性格豪爽的曹彰打破了沉默，他说道："仓舒早夭，固然不幸，然而其遗体入墓，葬事隆重，魂灵有知，亦当安息无憾了。倒是孝廉长兄死于非命，骸骨无归，实在令人叹息不已啊！"

曹丕听了，立刻想起十一年前另一件痛苦的往事。那是建安二年（197年）正月间，曹操亲领三军，进攻荆州南阳郡（治所在今河南省南阳市）的割据者张绣。随从前往者，还有十一岁的曹丕，曹丕的异母兄长曹昂、堂兄曹安民。曹昂，字子脩，生母为曹操的第一位嫡室夫人刘氏。当时，曹昂已经二十岁出头，并且被本郡行政长官举荐为孝廉。东汉的孝廉，乃是人才选拔的主要途径之一，由一郡的行政长官太守，每年按照二十万人举荐一人的比例，向中央朝廷推荐，经过中央考核之后授予官职。曹丕与这位孝廉长兄的关系相当不错，与之一起随父出征自然也是非常高兴。谁知这一去，曹昂却再也没有回来。而他丢命，竟然与曹操的好色直接相关。

原来，曹操兵到南阳，张绣立即举众投降。曹操在大喜之中，把张绣一位漂亮的寡居婶娘纳为小妾。张绣因此暗中含恨，伺机突击曹操。结果，曹操身中流箭，骑马狼狈逃走。曹丕骑术娴熟，纵马飞奔跟随，也侥幸保住了性命。而拙于鞍马的曹昂和曹安民，全都死于乱军之中，连尸首也不知下落。此一突发事变，在少年曹丕的心中留下很深的创伤。建安四年（199 年）十一月，张绣再度投降曹操，依然受到曹操的优待。其后，破袁绍，杀袁谭，张绣都力战有功，既加官又晋爵。但是，曹丕却始终不肯宽容张绣，经常在大庭广众之中怒斥张绣说："你杀了我的兄长，还有什么脸面见人！"张绣内心恐惧而悔恨不已，终于在建安十二年（207 年）随从曹操远征乌桓的途中，以自杀来结束了这场恩怨情仇。

这段往事，以往曹丕很少提及，因为创痛太深。如今曹彰突然说起，曹丕哀吊弟弟之情未了，又添思兄之悲苦，新伤痕触动旧伤痕，当即忍不住又涕泗横流。

　　曹丕满面泪痕回到城中，身心交疲。然而他还不敢休息，他必须去向父亲报告灵柩入葬的实际情况。按照古代礼制，小妾所生之子，未成年而夭亡，入葬时其父是不能至墓穴送葬的。加之当时天下多事，手握军政大权的曹操更不能随意前往。因此，曹操未至西郊亲送爱子入葬。曹冲的生母卞氏，因是女性也未能前往。作为家属全权代表的曹丕，当然该向父亲报告一切。

　　早就在翘首企盼的曹操，静静听完曹丕的叙述后，长叹一声，说道："我悔不该当初杀了华佗，不然仓舒又怎么会早死呀！"

　　当时的神医华佗，字元化，乃兖州沛郡谯县（今安徽省亳州市）人氏，也是曹操的小同乡。他在东汉末年以医术擅名天下，活人无算。曹操自来有一个"头风"之疾患，也就是现今西医所说的"偏头痛"。每当发作时，"心乱目眩"，而华佗只要在其膈间以银针刺穴，症状立即大为缓解。曹操仗恃其权势，命令华佗设法根除此疾。华佗据实回答，说此疾可以缓解，难以断根。加之华佗因妻子生病请假回家探视，逾期未归，曹操勃然大怒，竟将一代名医下狱处决，酿成中国医患冲突史上最为著名的案例。在华佗受刑之前，有人为其求情，曹操傲然答道："不必担心无医为人治病，未必然天下之大，竟然还缺少这类卑贱小人么！"到了如今，爱子之死，终于使一代强人认识到，权势并不具有万能的神力了。

曹丕见其父很是伤心，赶忙好言宽慰一番，请父亲想开一点，不料曹操却说道："我如何能不悲痛？此乃我之不幸！而是你们兄弟之幸事啊！"

曹操的意思是说，曹冲之死对自己来说是失去了一个非常中意的继承人，对曹丕兄弟而言则少了一个有力的权位竞争者，所以感受大不一样。曹丕一听，顿时感到委屈之至。不过，老父正在悲痛之中，幼弟又已跨鹤归去，剖白辩解既不合适也不必要，于是他唯唯而退，回房安歇去了。

凡是过于浓烈的感情都难以持久。一个月后，因曹冲之死而在邺城蔓延开来的悲凉之雾，开始淡薄飞散。六月间，曹操实施了一项引人注目的政治变革。他在政体上，废除了东汉皇朝行之近二百年的三公执政制，改行丞相执政制，由自己担任丞相。所谓"三公"，即执掌朝政的三位大臣太尉、司徒、司空。西汉时实行丞相执政制，丞相或一人，或二人。东汉光武帝强化君权，废除丞相，设置三公。三人分掌朝政，当然没有丞相一人执政那么容易专权自恣，所以一旦权臣出现，又会废除三公，改设相国或者丞相，以便独揽朝廷大权。现今曹操一脚把旧体制踢开，自任丞相，就是有心开创新

天地。政治变革得手之后，他立即在军事上加紧准备率军南
征，讨伐刘表。七月，曹操留曹丕镇守邺城，亲率水陆大军
十五万杀向江南，由此而爆发了著名的赤壁（今湖北省赤壁
市西北）之战。

曹操南下之后不久，曹丕选了一个天朗气清的日子，与
诸兄弟一起去游赏了一次玄武陂，算是践行前约。游陂之际，
他写了一首五言诗以纪其事。此诗题名《于玄武陂作诗》，
诗云：

> 兄弟共行游，驱车出西城。
>
> 野田广开辟，川渠互相经。
>
> 黍稷何郁郁，流波激悲声。
>
> 菱芰覆绿水，芙蓉发丹荣。
>
> 柳垂重荫绿，向我池边生。
>
> 乘渚望长洲，群鸟欢哗鸣。
>
> 萍藻泛滥浮，澹澹随风倾。
>
> 忘忧共容与，畅此千秋情。

全诗虽然着重在描绘所见景物，抒情不多，然而透过这
种尽力表现自然界中勃勃生机的诗句可以看出：曾经郁结在

曹丕心中的伤逝之情，如果还残留下那么一丝半缕的话，也是深藏而不显露的了。这正是：

意切情深今日事，明朝且看又如何。

要想知道曹丕与众兄弟这种密切无间的亲热关系，能不能够长久保持下去，请看下文分解。

第四章

丞 相 副 手

　　时间来到建安十六年（211年）初春，刚刚过完迎春节日的汉献帝，在朝廷宣布了一项重要的任命：以丞相、武平侯曹操之世子曹丕，出任五官中郎将，其下设置各种属官；五官中郎将的主要任务，是协助丞相曹操，处理朝廷的军政要务，也就是协助丞相曹操行政的副手。

　　这项任命，对于曹丕个人而言自然是一件头等的大事。须知他虽然年已二十有五，而且参与其父的政务多年，甚至还承担过留守后方的重任，然而他的头上至今没有一项正式的官衔，还是后世所谓的"白丁"一个。当然，他也不是普通的白丁，而是特殊的白丁，因为他毕竟是曹操的世子，即嫡长公子。在中国的封建时代，一个人要想在宦海中打拼一番事业，你是秉承何人的精气而生，这一点相当关键，尤其是在讲究门阀家世的魏晋南北朝更是如此。不过，曹丕虽然能够以白丁参与机要，终究还是有了堂堂正正的副手官衔之后，再来襄赞父亲的政务要好得多。既然如此，那么曹丕又何以会长时间充当"白丁"，而未被授予丞相副手之官衔呢？

不言而喻，能够决定曹丕何时结束"白丁"生涯者，并非汉朝的天子刘协，而是他的老父曹操。实际上，任命曹丕为五官中郎将，与其说是皇帝的旨意，倒不如说是曹操本人的决定更为确切一些。就曹操而言，自他专擅汉朝大政之后，他也确实想培养一位副手，以便在自己统兵外出之际，有人能为他消除后顾之忧。要选副手，当然只能在自己的儿子中挑选，没有得到自己遗传基因的异姓人士，即使忠诚得如同犬马，也难以使他完全放心。但是，在诸子之中选择谁呢？这就使得他大费踌躇了。因为自己的副手，实质上就是未来的继承人或接班人。就长远之计而言，他曾经打算在自己百年之后，把权位传给聪颖非凡当时尚未夭亡的曹冲。就眼前之需而论，他又觉得已经成年的嫡长子曹丕，才能够承担副手之重任。但是，一旦给了曹丕丞相副手的官衔，将来要取消其继承人的资格，恐怕就是麻烦多多。在犹豫之中，曹操只好采取一个权宜之计，即实际上把曹丕当作副手来使用，但是暂不给他丞相副手的官衔，干脆直接让曹丕以"世子"的名义行事。这样一来，既可以避免曹丕眼下官名与实权不合的问题，也为将来万一需要任命曹丕为丞相副手时，留下做文章的余地。曹丕之所以长期充当特殊的"白丁"，其幕后的玄机即在于此。他长期充当"白丁"而一直毫无怨言，其深层的原因同样也在于此。

可是，在这之前，却有一名糊涂的官儿，未能看出其中的奥妙，曾经想把曹丕收为自己的下属，此人便是司徒赵温。在汉代，司徒作为"三公"之一，享有开府自辟僚属的特权。所谓"开府"，即开设自己专有的办事机构。而"自辟僚属"者，是指这一专有办事机构中的下属官员，完全由开府者自行委任，不必通过朝廷中央的人事选任部门。于是，当时的"三公"，也就是太尉、司徒和司空，莫不想把一些后进英髦委任为自己府署中的僚属，以提高自己府署的声望。而热衷仕途的年轻后辈，也多半愿意通过这条终南捷径进入政界。这个赵温担任司徒的时候，曹操还在司空的官位上，还没有升任丞相而宣布废除三公。赵温看到司空曹操的嫡长公子曹丕，年过二十岁尚未入流为官，有心巴结巴结，便急急忙忙宣布任命曹丕为司徒府的僚属。谁料想他拍马屁却误拍到马蹄子上，曹操得知此事后大为光火，马上向汉献帝上了一通表章，指责弹劾赵温"辟臣子弟，选举故不以实"，意思是选拔我的子弟为僚属，在人才选举上故意不实事求是。可怜的赵温竟然因此丢了官，却还不知道是怎么丢的，这是建安十三年（208年）正月间发生的事。

到了曹冲不幸夭亡后，曹操心中的犹豫不复存在了。事情很明显，他目前除了曹丕之外，别无选择。这倒真的应了曹操那句"此乃我之不幸，而是你们兄弟之幸事"的感叹。不过，给曹丕什么样的官衔最为妥当，这又是一件颇费斟酌的事。此时，曹操已经废除了"三公"，自任丞相。丞相之下还设置了一个御史大夫，作为丞相的副手。按照这样的体制，如要给曹丕正其副手之名，就应当任命他为御史大夫。从现存的史籍记载来看，曹操当时未必没有这样的考虑，因为当年六月间他在出任丞相之时，却并未任命御史大夫，这一官职空缺了两个月之后，到了八月间，曹操才决定挑选自己的忠实追随者郗虑充任。这两个月的空缺，应当就是曹操对是否任命曹丕为御史大夫犹豫不决而产生的。但是，假若曹丕真的就任御史大夫的话，那么东汉朝廷便真的变成了曹家的

"父子店"了。大概曹操也觉得这样做实在有点过分，所以又另外想出一个花招来。

曹操的花招说穿了其实也很简单，就是把御史大夫进行了虚名与实权的剥离：在形式上保留了御史大夫这个丞相副手的职位，并且安排异姓人士都虑来担任；然而在实际上，又把副手的实际威权，交给了担任五官中郎将的儿子曹丕。如此这般玩弄一番魔法之后，东汉朝廷依然是曹家的"父子店"，然而看起来却不似独家经营的字号了。能够"挟天子以自重"的曹操，在政治上玩一点这样的"障眼法"，只能算是小菜一碟了。

曹丕所任的"五官中郎将"一职，就以往的正常情形而言，其官阶并不很高。东汉官员的级别，以大将军和三公为最尊崇，自此以下，分为中二千石、二千石、比二千石、千石、比千石、六百石、比六百石、四百石、比四百石、三百石、比三百石、二百石、比二百石、百石、斗食、佐史等十多个等级。五官中郎将属于比二千石这一级，每月的实物俸禄是粮米一百斛。至于其具体职责，乃是皇宫卫队的一名卫队长。汉代的宫廷卫士，总称为"郎"，据说是因其在殿廊之中执戈守卫而得名，郎者，廊也。而所有的郎官，又分为五支分队，分别叫作"五官郎""左署郎""右署郎""虎贲郎"

和"羽林郎"。其中，主管五官郎这一分队的长官，即是五官中郎将，简称为"五官将"。

当然，到了曹丕接受任命之后，此时的五官中郎将，就不是昔时的五官中郎将所可比拟的了。官位的尊崇自不消说，至于具体职责，也不会去给汉献帝当保镖。尤其特殊者，是曹丕还享有设置下属官员的权力，于是，他就和能够开府自辟僚属的三公一样，拥有一套自己专门的办事机构了。在这个小系统之内，他就是主宰，他就是上帝。由此可见，曹操不仅想要曹丕辅佐自己，而且大有培养其自主能力，使之将来能够独揽大局的意思，用心不可谓不深远了。

话说曹丕奉接天子诏书，就任五官中郎将，乘朱车，佩紫绶，前呼后拥，这番威风和得意，也无须细说。他的五官中郎将府署，并未设置在汉献帝所在的许都（即许县，后改为许昌，今河南省许昌市东），而是设置在曹操长期经营的势力基地邺城。开府视事之后，他立即从其父亲的丞相府署中，挑选了一批精干幕僚来充任五官中郎将府署的吏员。从史籍记载来看，他所设置的官属，以及充任各种官职的人士，大略如下：

其一是长史。这长史是曹丕本人的第一副手，具体负责全府之公务分配处理。担任此职者，前为凉茂，后为邴原。

其二是司马。曹丕府署有一支人数可观的军队，其统领者即是司马。京兆长陵县（今陕西省西安市北）人赵戬，一直充任此职。

其三是功曹。府中的低级吏员甚多，不可能一一由曹丕亲自委派。而低级吏员的选拔、考核、升降，一概由功曹负责。换言之，功曹即人事部主任。出任此职者，是曹操手下的干员常林。

其四是门下贼曹。门下贼曹是府邸的警卫队长官，先后由卢毓和郭淮充任。

最后是文学掾。在曹丕的府署中，文学掾是最为特殊的一种官员。其特殊表现在如下几点：首先是人数没有定额；其次是没有具体的任务；最后是他们与曹丕的关系，名义上是上下级，实际上却在师友之间。曹操批准设置文学掾，其目的是想通过与饱学之士一同游处，使曹丕开阔眼界，增广见闻。而酷爱文学的曹丕，则想借此和文坛精英们大交朋友。于是，他博延英儒，广揽才士，恨不得把天下擅长文笔的精英全都请入府中。前面提到的徐干、刘桢、应玚、吴质，以及刘廙、苏林等人，就是文学掾中的佼佼者。

经曹操的批准，五官中郎将府署的官员陆续赴任了。春末夏初之际，府中僚属已经大体到齐，行政机器开始正常运转。曹丕初出茅庐而诸事得心应手，不禁暗中得意洋洋，暗想道家经典《老子》所谆谆告诫的"治大国如烹小鲜"，即治理大国要像烹煮小鱼一样小心，以防鱼肉支离破碎，未免过于谨小慎微了。

就在曹丕头脑有点发热之时，有人兜头给他浇了一瓢凉水，使他清醒过来。这是怎么一回事呢？

原来，这年五月的夏至节，曹丕在官邸之中设宴款待府署的僚属，对他们数月来的勤勉尽职表示慰劳。在古代，二十四节气中的"二分"和"二至"，也就是春分、秋分、夏至、冬至，都属于大节气，往往要聚会庆祝一番。

宴会在府署中的东阁大堂举行。这东阁大堂，是曹丕与诸文学掾论诗品文之所，高大宽敞，四面花木扶疏。上午巳时（上午9时至11时），众宾客相继来到，近两百人把宴会厅坐满，几乎没有余地。午时正（中午12时），酒宴正式开始，山珍海味，水陆毕陈，宾主开怀畅饮。大堂之中，欢声笑语不绝，一片快乐气氛。

酒过三巡，菜上五味，曹丕已有几分醉态。他举手示意，众人便都安静下来。曹丕环顾四周，朗声说道："今日欢会难得，谨向诸君提一疑问，供诸君辩论以助酒兴，如何？假如君主与父亲均有重病，而自己手中仅有良药一丸，仅可挽救一人的性命，试问应当救君主呢，还是应当救父亲呢？"

不要看曹丕此刻已经醉眼陶然，他所以提出这样一个刁怪的问题，其中却是大有深意存焉。曹丕的问题，简言之可谓"君父先后论"。君主与父亲谁先谁后，其实也就是忠诚与孝顺二者的主次问题。古代的士人，要想建立功业必须效忠，要想砥砺品德必须尽孝。大体上说，在两汉的稳定时期，从政者多能兼顾赡养双亲，忠孝得以两全，故而人们不大讨论君父的先后问题。但是到了东汉末年，天下大乱，干戈扰攘，在这种现实情况下，离家出仕效忠，与在家养亲尽孝，二者不可得兼，便有人研究起君父先后的问题来。所以曹丕的"一丸药"问题，后人看来颇为刁怪，难以理解，其实在当时，却是时髦思潮的辩题之一，并非随口一说的话头。

不过，如果以为曹丕提出这一问题来讨论，只是赶赶时髦追追风潮而已，那就上当受骗了。须知在东汉一朝，君臣关系并不仅仅限于皇帝与其臣僚之间。在当时，凡是具有开府自辟僚属权力的官员，与其所委任的僚属之间，也被认为是具有君臣的关系，因为这些僚属的功名是由其上司个人所给予，与皇帝的那个大朝廷并无关系。因此，当时的僚属，习称府署的上司为"府君"或"府主"，又称上司的办公府署为"府朝"。这"君""主""朝"的字样，都在提醒你君臣关系的存在。作为五官中郎将府署的小君主，向臣僚考测君父孰先孰后的问题，曹丕内心深处的那一点小盘算究竟何在，不是很明白了么？

当下便有不少意存谄媚之辈，一迭连声地发言，说是那一丸药自然应该奉送于君主。看着他们那振振有辞的样子，虽在暑热之天，曹丕心中也觉得十分爽快惬意。不过，也有一些人到这时还没有识破天机，竟然认认真真阐述起首先应当考虑父亲的道理来。他们的理论根据，便是"求忠臣必于孝子之门"，对于生身之父尚且不孝，又何以能忠于异姓之君？前面那批聪明人暗想：你们大概酒喝多了罢，真是糊涂得可以啊！随即反驳对方，重申应当首先考虑君主的高论。于是，一场激烈的辩论在宴会之上展开，唇枪舌剑，你来我往，端的是热闹非凡！

但是，曹丕不久就发现，有一位重要人物对这场辩论似乎毫无兴趣，从一开始就默不作声，只顾自斟自饮。此人非他，便是五官中郎将府署的首席幕僚邴原。

其实，邴原此刻的心中，并不像其外表那么平静。岂止是不平静，简直是满腔愤怒了。

这邴原字根矩，乃青州北海郡朱虚县（今山东省临朐县东南）人氏。其人耿介方正，不随流俗，被时人誉为"龙翰凤翼，国之重宝"。究竟这位"重宝"级的人物为人如何，从下面的事例就能清楚看出来。

第一个事例是，曹操在爱子曹冲夭折后，曾四处寻求一位已死之少女，与曹冲作为夫妻合葬一穴。当他得知幕僚邴原有女夭亡时，便正式向邴原提出要求。在他人看来，这是求也求不到的巴结机会，然而邴原却以为"合葬，非礼也"，竟婉言谢绝。

第二个事例是，曹丕刚刚就任五官中郎将时，奔走其门者络绎不绝，史称"天下向慕，宾客如云"，唯独邴原不然。曹操曾令人从侧面询问其故，邴原说："国危不事冢宰，君老不奉世子，此典制也。"意思是说，国君危难时，不能去巴结专权的执政大臣；君主衰老时，不能去追捧将要继承他位置的儿子：这都是典章规定的制度。曹操从此两条事例看出，邴原是一位坚持原则、守正不阿的君子，于是特地把他安排到五官中郎将府署长史的位置上来匡扶曹丕。今天，曹丕刚一提出君父先后的问题来讨论，邴原就觉得非常之不妥当。为甚么呢？

首先，曹丕这个五官中郎将，本身也只是丞相的副手，你怎么能在上任不久就要臣僚表示对你个人效忠呢？这岂不是带有与你老父亲分庭抗礼之嫌么？

其次，这一辩论题目由曹丕本人提出来，尤其不合时宜。因为单就你曹丕而言，"父"当然是曹操，而"君"是谁？不就是汉献帝吗！如果你要倡导君先父后，试问你将置那位"挟天子以令诸侯"的老父亲于何地呢？邴原觉得曹丕实在是轻狂得过分了，有心要警醒警醒他，于是乎正言厉色而不说话。

曹丕直到此刻尚未觉悟，竟然一再要邴长史发表高见。邴原于是以严肃的目光，注视着满面春色的曹丕，好一阵之后才厉声回答了两个字："父也！"

一向待人接物"柔和温润"颇具君子之风的首席幕僚，突然发出一声响彻全场的厉喝，人们都不禁有些发怔。曹丕毕竟不是凡庸之辈，他立即从"父也"二字之中，意识到了自己所作所为的荒唐。于是，他急忙转换话题，这场君父先后的辩论就此结束。虽然后来魏晋名士还不断有人讨论君父或者忠孝的先后，曹丕本人却是从此不再沾边了。

当天晚上，酒阑人散，曹丕沐浴更衣之后，头脑清醒了许多。他独自步入后园，一面散步，一面反思白天宴会上发生的一切。此刻，一弯明月已经冉冉升起，四周万籁无声。曹丕觉得自己的神智，也如月光一般澄澈宁静。他清楚地认识到：自己在宴会上提出"君父先后"问题来讨论，确实鲁莽之极，愚蠢之极。幸亏邴长史及时警告，不然还不知道将有什么更为放肆的谬论在酒客的口中冒出来。而此事之发生，其根源就在于自己近来志气骄盈，未能具有盛满之惧。须知天道忌盛满，连这天上的明月也是盛满必亏，何况于人！不过，过失既已发生，当思弥补之术，自己的幕僚中，定会有某些人把这一切报告父亲的。在公开场合出现的过失，最好以公开的方式弥补，不然不能消除其恶劣的影响。想到这里，他忽然有了主意。于是，他转身回房，濡墨伸纸，写了一篇《戒盈赋》，其辞曰：

　　避暑东阁，延宾高会，酒酣乐作，怅然怀盈满之戒，乃作斯赋。

　　惟应龙之将举，飞云降而下征。资物类之相感，信贯微之通灵。何今日之延宾，君子纷其集庭。信临高而增惧，独处满而怀愁。愿群士之箴规，博纳我以良谋。

大意是说，今日宴请众位宾客，无比快乐的同时，也生出告诫自己不要自满的念头，于是写下这篇赋文。我深深感到，随着我的地位增高，还应当经常保持畏惧，戒骄戒躁，因此深切希望诸君时刻规劝我，向我提出好建议。

赋文不长，然而已把曹丕知过而能改的意思含蓄地表达出来。次日，曹丕把这篇赋交给邴原，请他代为向府署中的全体僚属宣示。邴原一看赋文，心里十分欣慰，当即照办去了。

不久，宴会上的这场辩论之事，果然传到曹操的耳中，他颇为不悦。接着曹丕的《戒盈赋》抄本，又送到了曹操的手中，曹操点了点头，没有再追究下去。曹丕这个丞相副手，总算安然度过了自己给自己造成的难关。这正是：

耳热酒酣多乱语，糊涂事后戒荒唐。

要想知道此后的曹丕，在五官中郎将的位置上，将会施展甚么样的拳脚，请看下文分解。

第五章

初试威权

曹丕自建安十六年（211 年）受命为五官中郎将之后，大约半年的时间里，他这位丞相副手一直还没有得到独立行使威权的机会，因为这半年，曹操都在邺城主持政事，未曾离开。然而不久之后，机会似乎就来到了。

七月间，曹操统兵西进关中渭河一线，攻击马超、韩遂等关陇割据势力，卞夫人及曹丕的胞弟们皆随从前往。曹丕作为丞相的副手，在邺城镇守大后方，总管后方事务。临行前，曹操不免要嘱咐一番，同时，还指派了三位得力的朝廷干员，协同五官中郎将府署的幕僚，合力辅佐曹丕。这三位干员是：

奋武将军、安国亭侯程昱。程昱，字仲德，兖州东郡东阿县（今山东省东阿县西南）人氏。其人多谋善断，他的任务是充当曹丕的军事参谋长。

居府长史国渊。国渊，字子尼，青州乐安郡盖县（今山东省寿光市南）人氏。其人长于处理庶务，曹操要他总管府署的各项公事，为曹丕当好行政事务的辅佐。

左护军徐宣。徐宣，字宝坚，徐州广陵郡海西县（今江苏省灌南县南）人氏。其人素有威严之名，其主要职责是监察留守后方的各支军队，管束和制止军人中可能出现的不法行为。

安排停当之后，曹操这才率众西去，曹丕随即开始体验初试威权的滋味。

起初曹丕觉得滋味相当不错。在臣僚的前呼后拥之下，升高座以断决民事，跨骏马以巡察军营，确实有一种威权在握、政由己出的兴奋感觉。但是，很快他就失去了兴奋感，因为没有什么重大事件出现，日复一日的例行公事不足以施展他的手段和才能。在这种情况下，他的心中经常萦绕着两种相互矛盾的念头：一方面他希望在自己留守期间局势安定，诸事顺遂；另一方面，他又下意识地盼望有一两桩突发事件冒出来，使自己得到充分表演的机会。曹丕经受这种矛盾心理的煎熬，好不容易才度过了整个秋天。刚一入冬，他所企盼的突发事件终于出现了。

十月初的一个凌晨，马滑霜浓，一骑急使带着满身疲惫从北门驰入邺城，在五官中郎将府署上，呈上了一封十万火急的军事文书。史书中记载，当时凡是"边有警急，即插羽以示急"；而臣僚有紧要之事呈报，亦"露板插羽"。插羽者，"取其急速若飞鸟也"。总起来说就是，当时凡是边境出现紧急军情，或者臣僚有急事禀报朝廷，都会在报告文书上插上一根飞鸟的羽毛，表示文书的紧急性质，必须像飞鸟一般快速传送上达。其实说白了，这就相当于后世的"鸡毛信"。府邸的门卫一见是插有飞鸟羽毛的告急文书，立即呈送给曹丕。曹丕迅速起床披衣，在高烧的明烛之下审阅来文。

羽书是冀州治下的河间郡（治所在今河北省献县东南）太守发来的，原来那里突然发生了大规模的武装暴动！这河间是冀州北面的一个大郡，跨有易水、沤水、虖沱水和漳水四条大河的下游之地，地势坦平肥美，在东汉盛世时拥有人口六十余万。当初袁绍据有河北，河间与其东邻的勃海郡（治所在今河北省南皮县北），都是袁氏势力的根基所在地。

此次曹操率军西征后，遂有河间人苏银、田伯，聚众起兵反抗，声势甚盛。一时间，冀、幽二州的交界地带局势动荡，人心不安。河间郡的太守兵力单弱，只好困守在郡治乐成县（今河北献县东南）城中，同时派出急使南下邺城求援。

曹丕看毕来文，不禁精神大振，心想我自幼就练习骑射，武勇过人，可惜多年来只有在打猎场中显露身手。而今实战机会就在眼前，我一定要大奋神威，杀他一个片甲不留！当下他就初步决定：自己要亲自率军奔赴河间平叛；在大获全胜之前，暂时不把河间出现反叛的情况报告父亲，以免影响西线的战局。接着，他又展开地图，一面察看形势，一面设计对敌方略，不知不觉间，天色已经大亮了。

曹丕匆匆漱洗，用过早膳，便赶至议事厅召集众官进行紧急会议。他先请邴原向大家宣读了河间郡送来的羽书，然后说出了自己的初步决定。

出乎曹丕意料的是，他的想法并没有获得热烈的支持。与会者都双眉紧锁，闭口不言。

一阵沉默之后，首席下属即长史邴原，首先开了口，他缓缓说道："老臣愚钝，不晓军事，但私心以为将军亲征之举，似可不必。"

功曹常林立即接口发言。常林在出任五官中郎将府署功曹之前，曾经先后当过冀州博陵郡（治所在今河北省蠡县南）太守和幽州刺史。博陵是河间西面的邻郡，幽州是河间北面的邻州，因此常林对河间的情况非常之了解。他说："臣昔日忝任博陵郡太守，又曾在幽州担任刺史，故而对河间的形势可以作一预测。河北的吏民，乐安守善者多，好乱生事者少。田银、苏伯之流，不过是乌合之众，其智慧甚小而其谋划甚大，算不上是心腹之患。方今丞相亲率大军远征西陲，南方犹有强敌孙权窥伺，将军您应该在此坐镇天下，轻动远举，即便扑灭河间小寇，亦算不得威武啊！"

接下来是奋武将军程昱，从军事角度发表权威性的意见。他认为目前西线正发生激战，作为后方留守的最大任务，是做好后勤供应，保障前线足食足兵，而不是其他。河间目前虽然局部形势紧急，但是此郡距离邺城尚有六百里之遥，一时间成不了大气候。如果曹丕提兵远赴河间，旬月之中势难赶回，此时邺城周围万一有什么风吹草动，那才是危及全局的大患。结论很明确：他也不赞成曹丕带兵亲征。

曹丕见各位大老没有一人同意自己的打算，心里很不是滋味。不过，他是一个极善于控制自己内心情绪的人，加之不久之前的"君父先后"辩论一事又让他学会了谨慎处世之道，所以他马上爽快地表示同意诸位高见。接下来大家又议决了以下数条：第一，立即派遣智勇兼备的将军贾信，率领精锐甲兵五千人驰援河间。第二，立即通令与河间相接壤的各州郡长官，调集本州郡的地方军队巡界守境，确保本州郡的稳定，防止河间的变乱向外扩大。第三，加强邺城周围地区以及从邺城至关中一线的警戒，确保前线供应的通畅无阻。第四，立即把河间的实际情况和以上应变措施，向前线的丞相曹操详细报告。

三天之后，以上各条均已付诸实施。在理智上，曹丕也认为这样的应变方案是最为稳妥周全的。但是在感情上，他总觉得有些怅然。以丞相副手之尊，处留守后方之重，在应付危机的过程中却是如此无声无色，实在遗憾。不知不觉间，他的心中又有一种古怪想法闪现：要是贾信降伏不住河间的叛贼就好了，那时我再收功河间，不是更能显出我的手段非凡么？

然而曹丕又失望了。一月不到，贾信自河间送回大捷的战报，说是苏伯、田银的主力军团已被击破溃散，余众一千余人，据垒死守。经过数天的日夜围攻，这一千余人尽数被俘，并请求投降。现特请五官中郎将示下，看如何处置这批俘虏。

原来，曹操过去曾经制订了一条极为严厉的军法：交战之中，凡是被围困而后投降的敌军，一律杀无赦。按照此条军法，上述一千余人均无活命的可能。但是，贾信觉得这批壮丁用来补充军队最好，杀之实在可惜，所以暂缓行刑，驰书请示。

曹丕阅罢战报，第一个念头便是"按律尽诛无赦"六个字。河间既然已经没有他的用武之地，那么要想树立威风和显示权力，大约就只有砍掉一千多个脑袋这一招了。他马上召集会议，宣布了贾信的报告和自己的意见。

这一次会议的情况就大不一样了，大多数臣僚都支持曹丕的意见，力主按成法行事。曹丕正在暗自高兴，不料程昱却独树一帜，发表了不同的观点，他说："之所以要诛杀投降之人，是因为过去的情况特殊。当时天下扰攘，逐鹿争雄者风起云涌，故而订立了'围而后降者不赦'之令，以示威天下，促使与我对敌之军，在受围之先即投戈归顺。而现今的形势则大不同，不仅天下大定，而且河间又在我们的地域之中。因此，这一批必降之众，杀之对任何人都不会产生威慑作用，这就与当初订立诛降令时的本意完全不合了。故而老臣以为，最好对其加以赦免，不再实行诛杀。"

居府长史国渊，也支持程昱之论。他认为河间郡隶属于冀州，而冀州的州牧已由丞相兼领了多年，如今在丞相所管辖的河间郡大开杀戒，也恐怕不合时宜。

程昱与国渊毕竟人少势单，不足以挽回一开始就形成的一边倒局面。无可奈何之中，程昱转而提出一项建议，他说："即便要按法进行诛杀，此等生杀大事，也应当先行禀报丞相，再做定夺。"

主杀派立即反驳道："军事行动期间主将有专命之权，何须先行禀报？"

程昱愤而不言，会议形成僵局。曹丕见状，便宣布暂时休会，稍后再议。衮衮诸公，随即散去。

待众人散尽之后，曹丕回转内院，在中庭缓缓散步，思索一番。仲冬时节，朔风阵阵，带来了一天纷纷扬扬的雪花。几片雪花飘在曹丕的脸上，他顿时感到了一股沁人心脾的清凉。少顷，他止住足步，唤来一名侍从，命他速去请程昱将军来府一叙。

程昱刚刚回到自己的住宅，曹丕的侍从就驰马赶到了。听了使者说明来意，程昱的脸上不禁浮起笑容。他二话没说，转身又向五官中郎将府署驰去。

"绿蚁新醅酒，红泥小红炉"，曹丕吩咐左右在暖阁摆设了精美的肴食，与程昱对坐而饮。曹丕举觞向程昱劝酒之后，诚诚恳恳地说道："适才会议之上，君言似有所未尽，故略备薄酒，敬听尊教。"

程昱很受感动，虽然时值寒冬，心中亦泛起一阵暖意。他望着曹丕，缓缓说道："当时与会者皆言'军事行动期间主将有专命之权'。其实凡所谓'专命'，均指临时有危急情况，以至于呼吸之间即可产生严重后果时的应变措施。而今这批降者之性命受制于贾信之手，不可能发生瞬间之变，所以老臣不愿将军擅自行之。"

曹丕由衷感激，点了点头。他沉默有顷，才对程昱说道："君言甚善，甚善！"

程昱心中的担忧完全消除了。于是二人开怀畅饮，一个时辰后曹丕才派人送程昱归去。

次日，曹丕派出专使，携带请示处置河间降卒的报告，星夜驰往长安。同时呈送的，还有国渊以居府长史名义写的一份建议，建议除个别首领人物外，河间降卒全部赦免。二十天后，专使从一千五百里外的长安回到邺城，把曹操的批复呈交曹丕。曹操批复的大意是：方今国家急需人力，河间降卒赦而不诛，可分遣至各处军营，充当战士。曹丕看后，不禁以手加额，暗自庆幸自己没有鲁莽从事。

一个月后，也就是建安十七年（212年）的春正月，曹操平定了关中，还军邺城。他特别召见了程昱，高度赞扬他在处置河间降卒一事上的表现，说道："君非但明于军计，又善于处理父子之间关系啊！"

赞扬了程昱，曹操又召见国渊，询问他在报告河间郡平叛时，为何照实数上报临阵所斩杀的首级数目。原来，当时的报捷文书，按惯例是"以一为十"，也就是杀一报十，杀十报百，杀百报千，杀千报万，一律夸大十倍。这样一来，可以达到战果辉煌得令人震惊的效果。国渊当即回答道："每当征讨对外的敌寇时，多报斩获之数，可以增大武功，激励民心，这是可行之法。但是，如今河间郡在丞相您的直接管辖之下，多报斩获之数，窃以为耻，故如实上报。"

曹操一听，大为高兴。于是重赏程、国二人，又一再当众褒奖。

所有这一切，曹丕自然都看在眼里，记在心头。特别是父亲赞扬程昱"善于处理父子之间关系"那一句意味深长的话语，使他反复品味了好多天。至此，他才彻底明白：第一副手是很不好当的，只要老父亲健在，他这个丞相副手就必须夹起尾巴做人，事事请示，认真照办，绝对不能自作主张；任何擅自显示威权的尝试，都有可能给自己造成极其严重的恶果；而当初自己一心想树立光辉形象的想法，真是幼稚可笑之至了。

　　曹丕既已大彻大悟，从此便把"谨言慎行"四字奉为圭臬。他也幸好早有醒悟，早有应付政治风波的心理准备，因为一场危及他政治前途的继承人之争，不久之后即将出现了。这正是：

收拾雄心循规矩，风波眼看要来临。

　　要想知道曹丕将要遇到甚么样的的政治纷争，他又将如何应对，请看下文分解。

第六章

铜雀欢会

建安十七年（212年）正月，曹操自长安凯旋，回到邺城。当月，汉献帝就下达了两道意义非同寻常的诏书，奖赏刚刚建立巨大功勋的丞相曹操。

第一道诏书是赏赐曹操"赞拜不名，入朝不趋，剑履上殿，如萧何故事"。

在当时，凡是朝廷大臣进入宫廷殿堂面见天子，按照制度先要解下腰间的佩剑，脱下脚上的鞋履；而今这一项免除了，就是诏书中所谓的"剑履上殿"。进入殿堂之后，又要按照制度小步快走上前，如同后来日本的艺妓走路一般，这称之为"趋"；现在这一项也免了，就叫"入朝不趋"。上前到达皇帝面前跪拜行礼之时，旁边的司礼官员，又要按照制度高声报出被召见大臣的名，再加上一个"拜"字，例如，曹操被召见是"操拜"，刘备被召见是"备拜"；现今这一项也免了，就是"赞拜不名"。以上三项，当初西汉高祖刘邦，曾经赐予首席开国元勋萧何享有，现今依照萧何旧例赐予曹操，就叫作"如萧何故事"。此处的"故事"一词，乃过去事例之意，与现今的含义完全不同。

第二道诏书实际上也是赏赐曹操，即"割河内之荡阴、朝歌、林虑，东郡之卫国、顿丘、东武阳、发干，钜鹿之廮陶、曲周、南和，广平之任城，赵之襄国、邯郸、易阳"，凡四郡之十四县，"以益魏郡"。

意思是说，分割了魏郡周边相邻4个郡，即河内郡、东郡、钜鹿郡、赵郡的下属14个县，全都划归魏郡来管辖，因此就大大增加了魏郡的管辖范围。

以上两项措施的目的只是一个，就是为曹操晋升爵位为魏公预作准备。因为此前曹操一直经营的势力根据地邺县，正是当时魏郡的治所。

古人常有"加官晋爵"之说。官是指官职，爵则指爵位，二者并非是一回事。此时的曹操，就其官职而言是丞相兼冀州牧，就其爵位而言只是一个武平县侯。这武平（今河南省柘城县南）是豫州陈郡下属的一个县，虽有上万家民户，但是万户侯终归也只是侯爵一等，并无特殊之处。如今的曹操，在官职上已经是位极人臣，而在爵位上却大有上升的空间。按照东汉的封爵制度，同姓的皇室宗亲，可以封王封公，而异姓之臣民，其爵位的名号，由低到高，分为公士、上造、簪袅、不更、大夫、官大夫、公大夫、公乘、五大夫、左庶长、右庶长、左更、中更、右更、少上造、大上造、驷车庶长、大庶长、关内侯、列侯二十级。作为最高一级的"列侯"，按其封地的大小，又可分为县侯、乡侯和亭侯三种。曹操的武平县侯，在异姓封爵中已经属于最高一等。如果他要想在爵位上"更上一层楼"，那也很简单，只消打破同姓才能封王封公的规定即可。而王、公的封地，通常是一个郡，所以想当魏公的曹操，一下子把相邻4个郡的14县划入魏郡的版图，也就不足为奇了。

曹操若要当魏公，其公爵封国的首都，自然而然是设在魏郡的郡治邺城，所以对于邺城和邺城之中的丞相府邸，必须大力营建一番。事实上，自从建安九年（204年）八月，曹操攻破邺城兼任冀州牧起，他就把邺城作为自己的政治活动中心，陆续进行了城市的规划与营建。他在南郊建立五座大营以安顿陆军，又在北郊开挖玄武陂以训练水军。至于城内，他把西北方向四分之一的地域，也就是北大街以西、西大街以北，全部划为府邸区，用以建造自己的私宅和各级办公机构。同时，又在西郊十里处修筑漳渠堰，从城西北引漳河水入城，先润府邸，后灌里巷，以解决生活用水之需。迄至建安十七年（212年）春天为止，在已完工的各项建设之中，最令时人和后人注目者，乃是新近落成的宏伟建筑铜雀台。

垒土以作高台，这可是历史悠久的中华国粹。据《山海经》所言，轩辕、唐尧、虞舜都曾造作高台。其后，夏有璿台，商有鹿台，周有灵台。吴王阖闾起台于姑苏，楚灵王立台于乾溪。秦始皇筑琅琊台，汉武帝筑柏梁台，东汉光武帝筑云台。真是历代建台不绝，足可以写出一部高台建造史了。

何以历代帝王都热衷于建造高台呢？这当中除了有登高极目以自娱的需要外，还有更深一层的政治文化原因。东汉的大学者许慎，也就是撰写名著《说文解字》的那一位，在他的另一部大著作《五经异义》中就说：

天子有三台：灵台，以观天文；时台，以观

四时，施化；围台，以观鸟兽鱼鳖。诸侯卑，不
得观天文，无灵台，但有时台、围台。

由此可见，能否建造凌云摩天之高台，特别是能否同时
建造三座高台，至少在许慎所在的东汉时期看来，已经成为
天子威权的政治文化象征之一。既然如此，历代帝王又怎么
能放过这自炫于天下的大好机会呢？

早已暗蓄不臣之心的曹操，在加紧为自己晋升魏公预作
准备的同时，也忘不了建造高台以暗示意图和威慑天下这一
招。于是，他在建安十五年（210年）的冬天，下令修造一座
天下无双的铜雀台。数以千计的能工巧匠，经过两年的昼夜
辛勤劳动，终于在建安十七年（212年）的春天，完成了这一
当时罕有其匹的壮丽建筑。而且在不久以后，又在铜雀台的
南北两面，修建了金虎台和冰井台，合称为"铜雀三台"，与
"天子三台"的规格相提并论，从而将自己的政治意向明确传
达了出去。

这最先落成的铜雀台，位于丞相府邸的西园之中，这西
园的西面与北面，即是邺城的西城墙与北城墙。紧贴着西城
墙的墙面，积石累土作台基，高与城墙相等。然后在台基之
上修建台身，台身高达十丈（约合今二十四米）。其上又造

重重楼阁，合计有房一百零一间，一片琼楼玉宇，溢彩流光。台上的主楼上出重霄，楼顶安置大铜雀一只，雀舒双翼，势欲冲天，端的是雄伟非凡！

这年暮春三月的一天，天气清朗，惠风和畅。因近来政事顺遂而心境极佳的曹操，召集诸子，共游西园铜雀台。作为长子的曹丕，早早就赶到西园，张罗一切。随他而来的，还有其幼子曹叡。这曹叡字元仲，年方七岁，乃甄夫人所生。此儿在外貌上完全继承了其母的优点，极其俊美可爱，史称"天姿秀出，立发垂地"。在智力和性格上，曹叡自幼好学，聪颖过人。因此之故，曹操非常钟爱这个嫡长孙，特别是在幼子曹冲夭亡后更是如此。今日欢会，曹丕特地把曹叡带来陪伴老父，以助游兴。

不多时，曹操在侍从的簇拥之中来到西园的铜雀台下。恭候在此的曹丕、曹彰、曹植、曹彪等诸子，连忙上前行家人之礼。跟在各位叔父后面认认真真施礼问候的，则是七岁的曹叡。

曹操一见曹叡那跪拜行礼如仪的认真模样，不禁开颜大笑。他上前两步，把曹叡揽入怀中，一边抚摸长孙的头发，一面说道："元仲可爱！我曹家三代人的希望，都寄托在你的身上了！"

祖孙亲热了一阵后携手登台，曹丕兄弟及侍从人员亦鱼贯从之。此时的曹操，虽已五十八岁，却依然步履轻健如常。不到半个时辰，众人便上到铜雀台主楼的顶层。天风徐来，丽日高照。极目远眺，东南面是邺城的市区，但见闾阎匝地，云树万家；北面是平坦的田畴，但见黍麦青青，桑榆千里；西面是起伏的山峦，但见漳水平流，澄江如练。这一幅幅天然画图，令众人看得心旷神怡，飘飘然若跨鹤凌霄。

在顶楼游赏了近一个时辰之后，众人又鱼贯而下，到底楼的大厅中小憩。曹操的兴致依然很高，他刚在正中的席位上跪坐下来，就笑着对诸子说道："班固《汉书》有言：'登高能赋，可以为大夫。'今日登高甚乐，岂可无赋记之？汝等均于半个时辰之内，各为赋一篇。届时不成者，不得参加今日午宴！"

曹操话音一落，曹丕即向侍从示意，侍从们便把早已预备好的文房诸宝捧了进来，在每位公子的几案上放置一套。曹丕胸有成竹，濡墨伸纸，正要落笔之际，不料旁边的曹彰却站起来对曹操说道："启禀父亲：我武而不文，实难作赋，甘愿受罚。"

原来这二公子曹彰，自幼就不喜欢读书习文，他所醉心者乃是盘马弯弓，驰骋疆场。他可以徒手格斗猛兽而脸色不变，然而一握起轻飘飘的笔来就头皮发紧。限半个时辰交赋一篇，这对曹丕、曹植而言是小事一件，对于曹彰简直是大祸临头。反正都是完不成篇，他干脆立即投笔认罚算了。曹操也不勉强他，只是问道："汝既不愿苦读典籍、仰慕圣道，那么将来准备做什么？"

"儿愿为军中将领。"曹彰回答得很爽快。

"为将又如何为呢？"曹操想要考他。

曹彰侃侃而言："为将之道，被坚执锐，临难不顾，为士卒之先，此其一；赏必行，罚必信，此其二。"

曹操抚掌大笑不已，曹彰知道这是父亲放过自己的表示，便离座到一旁单独逍遥去了。余下的诸位公子没有这样好的运气，赶忙收精会神，专心对付父亲的命题作文考试。

曹操其人，不仅在政治、军事上是一位杰出人物，而且在文学上也是一位卓然大家。他的诗文，气象恢宏，辞情慷慨，在建安时代的文学家中独树一帜，故而后世有"曹孟德诗如摩云之雕，振翮捷起，排焱烟，指霄汉"的高度评价。文学才能一般很难遗传，曹丕本人就曾发出"虽在父兄，不能以移子弟"的感叹。纵观中国古典文学史，父子皆是大文豪者确实凤毛麟角。但是，曹丕兄弟中除曹彰外，其余却都或多或少秉受了其父长于文学的遗传因素。最突出者为曹植，其诗文被誉为"骨气奇高，词采华茂，情兼雅怨，体被文质，粲溢今古，卓尔不群"。刘宋时的大诗人谢灵运，最为推重曹植，说是"天下才共有一石，曹子建独得八斗"，从此便有"才高八斗"的成语流传至今。其次是"洋洋清绮"的曹丕，文才也并不比其弟逊色多少。就是七岁的曹叡，日后在文学上也是一把好手。既然天赋异禀，所以快到限定的半个时辰，诸位应试者便纷纷交卷。曹操把文卷放在自己几案的侧畔，先令侍从摆上午宴，他要一面享受佳肴醇酒，一面欣赏诸子的丽辞美文。

酒肴毕至，曹丕领着诸弟向父亲敬酒。满面春色的曹操，开始展卷评文。第一篇受评判的《登台赋》乃是曹丕所作，只听得曹操朗声诵道：

　　建安十七年，春游西园，登铜雀台，命余兄弟并作。

　　登高台以骋望，好灵雀之丽娴，飞阁崛其特起，层楼俨以承天。步逍遥以容与，聊游目于西山，溪谷纡以交错，草木郁其相连。风飘飘而吹衣，鸟飞鸣而过前。申踌躇以周览，临城隅之通川。

念毕，曹操说道："子桓此篇，摹写景物倒也细致入微，唯文字过短，令人读后有意兴未尽之感。"

曹丕连连点头，表示完全服从老爸的评判。其实，他本人也觉得通篇都在描述客观所见景物，虽然符合古人所主张的"赋主铺陈之义"，却不免显得板滞，需要再加一段空灵的抒情文字来煞尾，才算气足神完。不过，他作文素来思虑过详，左思右想不觉就到了限定的时间，只好收笔交卷。作为诗文大家的老爸一眼就看到美中不足，曹丕自然心悦诚服。

接下来曹操满饮一觞，开始朗诵曹植写的《登台赋》，其辞曰：

从明后而嬉游兮，登层台以娱情。见太府之广开兮，观圣德之所营。建高门之嵯峨兮，浮双阙乎太清。立中天之华观兮，连飞阁乎西城。临漳水之长流兮，望园果之滋荣。仰春风之和穆兮，听百鸟之悲鸣。天云垣其既立兮，家愿得而获逞。扬仁化于宇内兮，尽肃恭于上京。惟桓、文之为盛兮，岂足方乎圣明！

休矣美矣！惠泽远扬。翼佐我皇家兮，宁彼

四方。同天地之规量兮，齐日月之辉光。永贵尊
而无极兮，等年寿于东王！

　　刚刚诵完最后一个字，曹操便以手击案，高声赞道："好
极了！文辞美而情致深，子建文笔果然不凡！"

　　曹植听了喜笑颜开，他知道自己的作品已经胜了长兄，
而只要胜过长兄，便稳稳当当拔得了这场作文比赛的头筹。

　　曹操又重头把曹植的赋文低声诵读了一遍，这才满意地
放在一旁，开始朗诵评判其余诸子的赋作。从表面上看，曹
丕依然面带微笑，专注地听着，实际上他的心中有如打翻了
五味瓶，一个字也没有进入耳朵。

　　此刻，嫉妒、懊恼和失望，在啮咬着曹丕的心。

　　南朝的文学评论大家刘勰，曾经在其皇皇名著《文心雕
龙》中，驳斥那种认为曹丕文才远逊于曹植的说法。他认
为：就文学作品的价值而言，二人的差距并不太大；不过在
才思的敏捷上，兄弟之间的确具有显著的差别。"子建思捷
而才俊"，"子桓虑详而力缓"。换言之，哥哥曹丕喜欢精雕
细琢，属于慢工出细活者；弟弟曹植擅长一气呵成，是做文
章的一把快手。其实无须后人评价，就连曹丕本人，也承认
三弟的文才是出手快捷，思如泉涌。今天一听老父要大家限

时为赋一篇，曹丕就预感到要输给三弟一筹。但是，他万万没有想到，自己输给曹植的，竟然还不单是才思的敏捷这一点上。

仔细比较上面两篇赋文后就能看出：曹植之作不仅字数更多，而且内容亦更为丰富，这正是才思敏捷的优势表现。曹植在前一段中描绘景物，在后一段中抒发情怀，两段都是采用声调高扬的平声韵部入韵，朗诵起来确实有情景交融、声情并茂之感。诗与赋这两种文体，虽然同属韵文这一大类，然而迄至汉代，人们都认为二者也有明显不同：诗可以配上音乐歌唱，而赋则用来单独朗诵，所以班固才会说"不歌而诵谓之赋"。朗诵要获得好效果，赋文就必须写得音调铿锵而感情充沛。曹植此赋完全做到了这两点，而曹丕之作则因出手较缓却只做到了前一点。

如果仅仅在才思敏捷上失利，曹丕也还无所谓。他所深感伤心者，是发觉自己在投合老父的心意方面，完全被三弟占了上风。

上面我们已经指出：曹操花费巨大的人力和物力修建铜雀高台，其目的不单在于自娱，更主要是想暗示政治意图和显示威权于天下，政治色彩非常浓厚。既然如此，以新落成的铜雀台为题作赋，便不能不突出这一点，更不能不颂扬曹操，否则就没有点准穴道。可是曹丕之赋一心在描绘铜雀台之壮丽高峻之上，竟没有一句点到要害，真可谓"见物而不见人"了。反观曹植之赋，刚开头就是一句"从明后而嬉游兮"，"明后"是甚么意思呢？就是英明的君主嘛！英明的君主指谁？当然是指曹操了呀，这正是很有分量的点睛之笔。接下来的一连串颂扬词汇，"圣德""仁化""桓文""圣明"，处处不忘结合景物的描绘来赞美曹操。在景物描绘之后，收尾的"扬仁化于宇内兮，尽肃恭于上京"两句，更是将曹操修建铜雀台的政治意图明明白白点了出来。意思是说，此举是要把曹操仁慈的教化宣扬到天下各地，并且向位于临时京城许县的皇帝遥遥表示恭敬之意。全文写得如此扣题，如此得体，你说曹操读了怎么能不击节赞叹呢！

才思敏捷与否，倒无关大局，能否体察投合老父之内心，这可是关乎自身地位和前途的要紧事情。曹丕之所以一时心乱如麻，其原因端在于此。

曹丕与曹植的关系，在此之前一直是友爱之情甚笃。远的不说，上一年秋天曹丕留守邺城时，即曾写下《感离赋》一篇，抒发怀念母亲及胞弟之情；与此同时，随父从征关中的曹植，又写了《离思赋》一篇以寄其兄。这两篇情意真切的赋文，至今流传后世。可惜天道无常，自铜雀欢会之后，在曹丕心中，一颗猜忌其弟曹植的种子从此便发了芽。

一言以蔽之：铜雀欢会，在曹丕心中留下的是郁郁不欢。这正是：

老父高台评赋作，谁知猜忌暗生芽。

要想知道曹丕接下来还会经受何种挫折和失意，他又会有怎样的反应，请看下文分解。

第七章

僚属受谴

　　建安十七年（212年），对于曹丕而言是不太吉利顺遂的一年。暮春时节他在铜雀台上的"作文会考"中受挫，到了仲夏，他所主持的一次僚属聚饮又出了纰漏，致使两位与他关系亲密无间的文学掾，受到老父曹操的惩罚，而他自己的政治地位，也或多或少受到了影响。

　　事情的由来说来话长。

　　这年初夏的一日，曹丕忽然得知一个不幸的消息：担任丞相府仓曹掾的阮瑀，因病医治无效，溘然长逝了！

阮瑀是当初曹丕南皮之游的参加者之一，他与曹丕情谊深厚，曹丕对他的身体状况也非常了解：年事已高，体衰多病，而且精神相当悲观。因此，他近来所写的诗篇，多有愁苦之句。诸如"临川多悲风，秋日苦清凉。客子易为戚，感此用哀伤"，这是秋日之悲；"苦雨滋玄冬，引日弥且长。……客行易感悴，我心摧已伤"，这是冬日之愁。他甚至径直描述垂老畏死之感，其《老病诗》云：

> 白发随栉堕，未寒思厚衣。
>
> 四支易懈倦，行步益疏迟。
>
> 常恐时岁尽，魂魄忽高飞。
>
> 自知百年后，堂上生旅葵。

全诗悲观愁苦之情，跃然纸上。尽管对阮瑀的衰弱老病早就了解，但是阮瑀之死仍然给曹丕的心灵造成强烈的震动，七年之前南皮畅游时，阮瑀那豪饮高谈的模样又浮现在眼前。那时候，曹丕曾经预言"斯乐难常"，但是他只是认为天下多事，许多人会聚一处欢饮，是难以经常保持的欢乐，并没有想到谁人将被死神突然召去。而今阮瑀走了，参加南皮畅游之人便永远缺席一位而不再有完整的团聚了。这沉重的失落感，令曹丕不禁泣下沾襟。

阮瑀的丧事结束之后不久，也就是五月下旬的一天，曹丕邀请昔日曾经参加南皮之游而现今在邺城的诸官员，在东阁讲堂雅集。这一来是重温旧梦，二来是怀思阮瑀。然而曹丕万万没有想到，一场普普通通的怀旧雅集，竟然差一点完全断送两位来宾的政治前程。

一开始，集会者围坐清谈。大家回忆南皮畅游的往事，品评阮瑀留下的诗文，气氛也还算是轻松。曹丕还当众朗诵了自己新近所撰的一篇《寡妇赋》，这是他探望了阮瑀遗孀和孤子之后的抒怀之作。赋文代阮瑀的遗孀立言，自述"人皆处兮欢乐，我独怨兮无依，抚遗孤兮太息，俯哀伤兮告谁"，这般深沉的哀痛，在座诸人听了，顿时惨然不怡。

幸好厨下及时送上了美酒佳肴，才使得凝重的气氛和缓过来。酒过三巡，菜呈八珍，众人桃花上脸，话语渐多。就在这时，门外的庭院中传来一阵阵儿童的嬉笑声，大家刚刚转头观望，一个总角垂髫的小男童便从中门跑入大厅。这男童唇红齿白，目朗神清，着红衫，系玉带，面对众人毫无怯懦之色。他不是别人，即是曹丕的爱子曹叡。

原来，曹叡完成晨课之后，即到园中游玩嬉戏。他听到东阁讲堂中人声不绝，即不顾左右的劝阻，径自前来"闯宴"。曹叡的突然出现，使宴会的气氛更加活跃。应众宾客的要求，他当场背诵了《诗经》中的诗歌，《论语》中的孔子语录，又表演了握管习字和简单的剑舞，博得了众人的一致拍手称赞。其父曹丕更是得意非凡，以至于一连畅饮了五觞美酒。

大量醇厚美酒下肚，曹丕进入了高度亢奋的状态。于是，他站起身来，表示要亲自给大家舞剑助兴。这曹丕的剑术那是非同寻常。他少年时即学习剑术，多阅良师之技。东汉桓、灵二帝之际，有一名御前侍卫叫作王越，以剑法精妙闻名京师。王越又将剑术传给徒弟史阿，而曹丕就是随从史阿习剑，尽得其妙。有一次曹丕与军中诸将聚饮，座中有奋威将军邓展，亦精于剑术，且有空手夺白刃之绝招。曹丕与邓展共谈击剑之法，认为邓展所言犹有不足之处。那邓展也是心高气傲之人，当即要求与曹丕比试比试。其时酒酣耳热，众宾正食甘蔗，二人便以蔗秆当剑，一决高低。相交数合，曹丕之"剑"竟三中邓展之臂。邓展大不服气，固求再试一次。曹丕心知邓展求胜心切，必定长驱直入，便佯作退却，待对方来得切近，突然止步扬"剑"，正中邓展的脑门。这一来邓展心悦诚服，举座皆惊。

当下曹丕抽紫电，舞青霜，所到之处但见一团白光闪耀，正如后来诗圣杜甫《观公孙大娘弟子舞剑器行》诗中的形容："霍如羿射九日落，矫如群帝骖龙翔。"在座的文士少有见到这般出色的武艺表演，纷纷喝起彩来。

不一会，曹丕止步收势，还剑入鞘，在满堂赞美之声中回返原座。他身旁的曹叡十分懂事，连忙给父亲满满斟上一觞美酒。曹丕正欲举觞，一名侍从走到近前报告："夫人前来接小公子回房休息。"

曹丕放下羽觞，微笑着吩咐道："夫人既已来到，不妨入内与客人一见。"

甄氏夫人建安九年（204 年）归曹丕，建安十一年（206年）生曹叡。曹叡之下仅生一女，此后再无生育。母以子贵，甄氏自然疼爱独子曹叡无以复加。今日丈夫宴集臣僚，作为女性内眷，她原本不便抛头露面，但因爱子日过中天犹未回房休息，实在放心不下，故而亲自前往东阁催促。不想丈夫在兴头之上让她进去见客，她只好理云鬓整裙裾，款款进入大厅。三十一岁的甄夫人，丰容盛鬋，花貌玉肤。她来到厅堂上首曹丕的座位旁边，含笑向诸位宾客问候示意，仪态万方，光彩照人。在座宾客，纷纷离席拜伏还礼，不敢仰视，唯有刘桢、吴质二人例外。

刘桢其人，颇有点"文士风流大不拘"的味道。他讨厌繁杂琐碎的公文庶务，其《杂诗》就有"沉迷簿领间，回回自昏乱。释此出西城，登高且游观"之句，写的确是实情。他又酷爱美好的事物，故而有"投翰长叹息，绮丽不可忘"的深沉感触。他和曹丕私交甚笃，彼此言语亦比较随便。由于以上种种因素的综合作用，再加上烈性醇酒的刺激，使得刘桢在跪拜如仪之际，突然产生了一个大胆的念头：素闻甄夫人国色天香，姿容绝世，今日何不趁此极为难得的良机，一睹芳容？昔日李延年有诗云："北方有佳人，绝世而独立。一顾倾人城，再顾倾人国。"为了博得佳人一顾，城国倾覆亦在所不惜，这是何等的风流慷慨？今日我若因瞻仰芳容而获罪遭谴，比起倾覆城国来又算得了什么！主意既已打定，跪在地上的刘桢便把头抬起，两眼目不转睛地注着甄夫人。

无独有偶，转了同样念头的还有刘桢左侧的吴质。这吴质与曹丕的私人关系更是亲密得非同寻常。从表面上看，他只是五官中郎将府署的一名文学掾属；实际上，智计非凡的他，乃是曹丕的心腹智囊，曹丕凡有机密之事多要找他谋划。吴质有一大毛病，即是"使酒"。汉魏时期所谓的"使酒"，意思是酒后任性而为。吴质也是久闻甄氏美艳绝伦而无缘一睹仙姿，今天酒壮人胆，跪伏在地的他也把头抬了起来。不过，吴质究竟比刘桢老练精明，他抬头片刻看清仙人真容之后，赶紧又把头低埋了下去。

甄夫人在刘桢的注视之下，顿时觉得不大自在。她转头看了看身旁的丈夫，曹丕依然微笑如常，似乎对一切毫无觉察。甄夫人只好把曹叡唤过来，母子同向在座诸人示意告别之后，回房休息去了。

其实，曹丕把这一切都看在眼里，只不过他心中毫无恼怒，而是满腔充溢着一种展示家珍的自豪感。儿子的资质仪表，是出类拔萃的。自己的文才武艺，是出类拔萃的。夫人的容貌风度，也是出类拔萃的。我曹丕独有众美，让众宾客见识见识、欣赏欣赏有何不好？项羽有言云："富贵不归故乡，如衣绣夜行，谁知之者？"今我有众美而人若不知，岂非与"衣绣夜行"无异？于是，他微笑不语，任随僚属一饱眼福。

但是，曹丕的老父亲曹操，却没有儿子这么通达大方了。

曹丕宴集僚属之后数日，有人即把宴集情况报告了曹操。曹操听说儿子的幕僚，竟然敢在大庭广众之中对儿媳妇行"注目礼"，不禁勃然大怒，拍案而起。他马上下令：以大不敬之罪，从速从重惩治刘桢、吴质二人！

曹操突发雷震之怒是有原因的。从政治思想上说，他是一位崇尚法治的政治家，史书称之为"揽申、商之法术"。所谓的"申、商"，即先秦时期法家的代表人物申不害、商鞅。

法家最强调尊君卑臣，不容上下混淆。曹操让曹丕开府署，置僚属，目的是使长子学习处理政事和控驭臣下之术，并不是要他去开设一所成员关系平等亲密的文学沙龙或者娱乐会所。如今刘桢、吴质竟然以对待朋友之妻一般的举止，来对待上司的嫡室夫人，完全是典型的以下犯上，是可忍，孰不可忍？

再从生活作风上说，年近六十的曹操，与二十六岁的曹丕，是差距较大的两代人。大体说来，中国古代士大夫的生活作风，两汉时比较保守，而魏晋时则十分放达，放达到可以与猪共槽饮酒，相互戏弄婢妾的程度。生活作风嬗变的阶段，正是在汉末魏初。曹丕已经属于生活作风趋向开放的新一代了，所以他认为刘桢、吴质注视自己的夫人，并不是什么了不得的大事。然而曹操却属于生活作风较为保守的旧一代，在他看来，这类行为不仅有伤风俗教化，而且紊乱上下之分，所以认定此风断不可长。

最后，恐怕还要从曹操的下意识去找原因。甄氏天生丽质，曹操早有独占芳华之心。其后因长子抢先下了手，他只好忍痛割爱。在其下意识中，甄氏乃是曹家私有的宝物，或者我儿子占有，或者我自己把玩，他人不仅不可以染指，连看也不许多看一眼。一定要看么？那就对你不客气！因此，刘桢与吴质当然要倒霉了。

执法官员迅速行动，首先把"罪行"严重的刘桢逮捕下狱，准备判处死刑。接着，把"罪行"较轻的吴质停职软禁，拟稍后再作处置。这样一来，不仅曹丕慌了神，而且邺城的官员们都大为震惊。

曹丕倒也讲义气，也有爱护下属之心。他立即向老父说明一切，并把主要责任都揽到自己的身上。与此同时，一些为人正派的官员都纷纷向曹操求情。曹操冷静下来之后，也不愿意把事关儿媳的案子处置得过了分，弄得天下人皆知。因此，刘桢才侥幸保全了性命。

不久，执法的官员宣布了处理结果：刘桢从轻发落，判处"罚输作部"；吴质罪不至刑，警告之后免于惩罚。至此，曹丕和所有关心此二人命运者，才算松了一口大气。

所谓"罚输作部"，就是押送到官府的手工作坊做一年苦工，后世叫作"劳动改造"。刘桢那一双握惯了笔翰的手，而今整天要和石块、木头、金属打交道，真是苦不堪言。不过，一想到自己捡回了宝贵的生命，他也就满足了。

至于吴质，虽然侥幸逃脱了做苦工的厄运，却又接到一纸调令，要他到邺城以南近二百里处的朝歌县（今河南省淇县）去担任县长。按照当时官制，凡有民户一万家以上的县，其行政长官称"令"；万家以下，则称"长"。吴质从五官中郎将府署的掾属，外放为小县县长，这个跟斗栽得不算太大，但也不算太小。

僚属受谴，作为府署主官的曹丕自然也不能辞其咎。他受到曹操的严厉责备，要他以后认真检御臣下，也严格约束自己，拿出当上司的样子来。曹丕不敢多作辩解，唯唯称是，勉强度过了自己给自己造成的难关。

秋风时起，木叶尽脱。十月间，曹操起水步三军十余万，号称四十万，准备从淮南方向大举进攻江东的孙权，以雪此前赤壁败逃之耻。曹丕与其弟曹植，都奉命随同前往。就在曹丕收拾行装之际，他接到了刘桢送上的一首五言诗，表示送行之意，诗云：

秋月多悲怀，感慨以长叹。

终日不遑寐，叙意于濡翰。

明灯曜闺中，清风凄已寒。

白露涂前庭，应门重其关。

四节相推斥，岁月忽已殚。

壮士远出征，戎事将独难。

涕泣洒衣裳，能不怀所叹？

　　曹丕把这首诗读了两遍，心中一热，忍不住清泪盈眶。他立即放下手中正在处理的事务，赶到刘桢服刑的"作部"去探望一番，同时送去一些衣物用品。曹丕嘱咐刘桢"多多保重"，刘桢请曹丕"善自珍摄"，两人在瑟瑟秋风中洒泪而别。

　　几天之后，曹丕即离开邺城，随父前往淮南。他一身戎装，高坐战马之上，口里却不停地反复低吟《诗经·秦风·蒹葭》中的诗句："蒹葭苍苍，白露为霜。所谓伊人，在水一方。"不过，究竟他所怀思的"伊人"，是月貌花容的甄氏？还是蓬头垢面的刘桢？这一点连他自己都好像弄不明白。这正是：

　　　　文人习气栽筋斗，收拾轻狂夹尾巴。

　　要想知道曹丕此番度过难关之后，今后的路程中还会不会遇到风波和挫折，请看下文分解。

第八章

身陷危机

　　曹丕随父东征，取道淮南。一路之上，观风土，察人情，倒也增长了不少的见识。到达合肥（今安徽省合肥市）前线之后，他既未在前边冲锋陷阵，亦未在后边押运粮草，每日只是照顾老父起居，间或出点主意敲敲边鼓而已。所以到了次年四月，随父收军回转邺城之际，他觉得这半年犹如经历了一次愉快的长途旅游一般。

　　长途游历而带来的愉悦感觉尚未完全消失，另一件令他兴奋不已的大事又接踵而至。

这是建安十八年（213 年）五月初十日丙申这一日，汉献帝在许都下了一道策书。何谓"策书"？此乃天子所发布文告中的一种。按照汉代制度，天子所下之文书分为四类，各有专名。第一类为"策书"，用于封土授爵，任免三公。第二类为"制书"，用于公布制度，颁行朝章。第三类为"诏书"，用于晓喻百姓，命令百官。第四类为"戒书"，用于督促州郡地方长官。

汉献帝发布的这道策书，是宣布丞相、武平侯曹操晋升爵位为魏公，以冀州下属的河东、河内、魏郡、赵国、中山、常山、钜鹿、甘陵、安平、平原，总共十郡的广大地域，作为魏公的封国。至此，曹操在爵位上"更上一层楼"的企图，终于如愿以偿。

老父晋升了公爵，儿孙辈自然要大大沾光。曹丕作为曹操的嫡长子，在其父封为武平侯时，人们只能称他为"世子"。其父荣升了魏公之后，人们便得改口称他为"太子"。其实在汉代之前，这两种称呼并无多大的区别。但是从汉代起，诸侯的嫡长子只能称"世子"，唯有天子的嫡长子才得享受"太子"之名。曹操打破汉制，以异姓封公，看样子以后还想升格，所以见机者急忙修改旧制，确认魏公之继承人也可以称为太子。当了太子，就有了当天子的希望。天子天子，上天之子，溥天之下，莫非其土，率土之滨，莫非其臣。如此美妙光辉的前景，能不使曹丕兴奋么!

但是，曹丕的兴奋，不久就被失望所代替。他逐渐看到：自己不但在近期之内戴不上"太子"的桂冠，而且今后的政治前途亦充满危机。这是怎么一回事呢?

问题，出在其父曹操的身上。

论理，在曹操受封魏公之后，马上就应当正式公布谁是魏国的太子，然而曹操却并没有明确表示态度。曹丕起初认为老父公事繁剧，无暇及此，便耐心等待消息。七月，曹操下令在邺城建造社稷坛和宗庙。九月，曹操下令大修邺城的宫殿，于铜雀台的南侧，开始新建一座更为宏丽的金虎台。十一月，曹操设置魏国的尚书、侍中、六卿，在中央朝廷之外另立一个魏国的朝廷。至此，作为将要取东汉而代之的曹魏，基本的政权机器几乎一切齐备，唯独欠缺一事，就是确定一位魏公的法定继承人。

耐心等待了半年而没有动静的曹丕，这才意识到情况不妙。

不言而喻，决定谁是太子，全凭曹操的一句话。那么曹操何以迟迟不宣布太子人选呢? 原来，他已经陷入困难的选择之中。

在曹操心中反复衡量的候选人有三位。

占据第一位置的，并非嫡长子曹丕，而是第三子曹植。曹植自幼就以绝伦逸群的文才，获得了曹操的钟爱。他十岁左右，即已诵读《诗经》《论语》及辞赋数十万言。曹操当时曾因其文章粲然可观，一度怀疑是他人捉刀代笔。自从铜雀欢会现场作文比试之后，曹操见此儿不仅才思敏捷，而且很能体察自己的心意，不禁生了改立继嗣之心。从此，他经常有意识拿一些政事问题考问曹植，曹植竟能事事应声而对，这就使得曹操心中的天平更加朝曹植一方倾斜。

第二位候选人，才轮到了曹植的大哥曹丕。曹丕能文能武，不过在才思的敏捷上明显逊于其弟一筹。他的优势，主要在于其嫡长子的身份。中国的古代社会，国君们担心后继无人，所以妻妾成群，以便子嗣众多。但是，有了众多的子嗣，又产生了新的问题。因为众多的子嗣都动手争夺那唯一的继承人位置，岂不是要打得头破血流吗？为了避免混乱，政治设计家们便确定了两条选择继承人的原则和规矩，这就是《春秋公羊传》所言的"立嫡以长不以贤，立子以贵不以长"。

第一条原则，是针对嫡室夫人所生的子嗣而言，选择标准是只看排行的长幼，不看才能的贤愚。第二条原则，则是针对不同妻妾所生的子嗣而言，选择标准是只看生母身份的贵贱，不看子嗣年龄的大小。如果用这两条原则一综合，那么众多妻妾所生的众多的子嗣当中，就仅仅只有一个人能够中选了，这一个幸运儿就是嫡室夫人所生的长子，即所谓的"嫡长子"是也。

上述的原则和规矩订得很巧妙，后世的国君中大多也能依之行事。然而上述办法也有一个大毛病，就是不能保证继承人必定具有优秀的治国才能，万一嫡室夫人头胎生了一个智商严重缺陷者，那就非常之麻烦了。一般来说，只要嫡长子能够正常走路说话，不是打胡乱说、时哭时笑、到处撒尿拉屎的傻子，都会被扶上国君的宝座。然而曹操是一个极为重视人的才能，而且不拘成法的政治家，他完全可能不去理会什么"立嫡以长不以贤，立子以贵不以长"的古训。因此，曹丕虽然具有这方面的特殊优势，但这种优势能否产生实际的作用，能否转化为最后的结果，还是很难得到可靠保障的。

最后还有一位，就是曹植的二哥曹彰。曹彰志气雄壮，勇冠三军，在曹营将士中享有很高的威信。曹操崛起于汉末的乱世之中，手提三尺剑扫荡群雄，开基创业，全凭一个"武"字。如今，北方虽然大体统一，然而南方的长江流域还有孙权、刘备、刘璋几大股割据势力。就是曹操的势力范围之内，也还有不少异己分子蠢蠢欲动。在这种情况下，选一个压得住又统得起军队的人来当继承人，当然也是一种合理的考虑。建安十六年（211 年）正月，汉献帝曾经大封曹操诸子，以曹植为平原侯，曹据为范阳侯，曹豹为饶阳侯，曹宇为都乡侯，曹玹为西乡侯。诸子都得到封爵，却单单留下了曹丕与曹彰两人没有受封。一直过了五年之后，曹彰才得封鄢陵侯。以曹彰的身份与战功而论，其封侯的时间不应当迟于上列诸弟。建安二十一年（216 年）曹彰得封鄢陵侯之后，曹操曾给他一封指示，说是"汝等悉为侯，而子桓独不封，止为五官中郎将，此是太子可知矣"。意思是说，你们众兄弟都被封为侯爵，唯独你大哥子桓没有受封，只是担任了五官中郎将的官职，把他安排为继承人太子的考虑由此可知了。事实上，这时候的曹操已经打消动摇，下定决心选用长子曹丕为继承人太子，所以他才会这样说。不过，依他所言，没有被封侯者就是太子候选人的话，那么曹彰当初没有封侯，那就也应当是候选人之一了，而且比曹植入选还要早一些。但是，曹彰的最大弱点是仅仅有武勇而无文韬，不谙政事，这是他最后落选的关键性原因。

三个宝贝儿子，各有优势，也各有不足，弄得行事素来果断无比的曹孟德也犹犹豫豫，长时间下不了决心。下不了决心就干脆过一段时间再说，一来可以再考察考察诸子，二来也可以广泛征求大臣们的意见。于是，公布太子人选之事就无限期推迟了。这对其他人选倒无所谓，唯独对曹丕是大大不利的。

曹丕也非等闲之辈，他一旦意识到情况不妙，立即暗自筹思对策。不料苦思数日，竟然想不出什么有效的招数。眼见得旧岁无多，新春将至，他心中不免焦急，谁知道在新年伊始会不会发生什么意外之事呢？

绕室彷徨而又无计可施，曹丕急欲找一个可靠而多智的心腹人士来给自己出出主意。自从宴集僚属受到老父的严厉申斥之后，曹丕就不敢轻信现今尚在五官中郎将府署任职的下属们，因为那一次向老父通风报信的人就在他们中间！这批人既然信不过，只好转向他处求之。突然间，他想起一个合适的人来，此人非他，就是在两百里外的朝歌县任县长的吴质了。

不过，要把吴质从朝歌县请到邺县城中的五官中郎将府邸来密议，并非是一件易事。首先，那时的地方官员，除非得到上级的批准，否则是不敢随便擅离当地职守的。其次，吴质此时已经不是五官中郎将府署的下属，按照规定不能私自交往具有诸侯身份的曹丕。经过一个通宵的苦思冥想，曹丕终于想出一套巧妙的行动方案。

第二天傍晚，曹丕的一名心腹侍从，驰马来到朝歌县。他悄悄进入吴质的官邸，呈上一封密信后随即离去。吴质在烛光下拆阅密信，读完之后马上就火焚之。信上究竟写了些什么，除曹丕和吴质之外，再无第三者知晓。

又过了数日，吴质向自己的主管上司，即河内郡（治所在今河南省武陟县西南）的太守，请求告假一旬，说是要回邺县城中去探望老母亲。去年夏天，吴质外放朝歌，没有把家属携往那个蕞尔小县。郡太守知道这一情况，当即照准。

吴质悄然回到邺城家中，闭门不出。时值岁暮，朔风扬雪，天色阴晦，入夜不久，街巷即少有行人。第三天的夜静更深之际，一辆运货马车满载着六七只盛装废物的大竹篓，从吴质所住的东城长春坊经过，跨过石窦桥，迅速驶入五官中郎将府署的后门。大门关上后，驾车者轻拍中间的一只竹篓，蜷伏其中的吴质便艰难地爬了出来。他下车落地刚想活动活动冻僵硬了的四肢，一名侍从就把他领走了。

曹丕的书房内，明烛高烧。正中的两只红泥小炭炉，火焰熊熊，使满屋充满如春的暖意。炉旁的几案上，摆满精美的酒肴。曹丕与吴质相对跪坐，一面饮酒一面轻声密谈。

曹丕举觞致意，先说道："太子人选，久无定议。家弟子建，咄咄逼人。季重智计不凡，尚祈有以教我。"

吴质满饮一觞，缓缓把自己筹思数日的谋略说出。这吴质是一个不甘寂寞之人，然而因其出身寒微，所以仕途一直不太顺畅。自从结识了曹丕之后，他认为曹丕为人深沉，必成大事，所以死心塌地追随之。日前接到曹丕密信之后，他就如同为自己前途设想一般，认真为曹丕筹思对策。此刻，吴质是不断比画述说，曹丕则是不断点头表示赞同，只见曹丕紧皱的双眉渐渐舒展，最后，脸上竟漾起了淡淡的笑意。

究竟吴质给曹丕出了什么样的主意，使之一扫愁云了呢？

首先，吴质根据自己所掌握的情况，明确指出：近期内正式公布曹植为太子的可能性不大，因为朝廷大员之中，对于废长立幼这一反常做法持异议者不在少数。而且此前割据群雄中的袁绍和刘表二人，正是因为在选择继承人上错误采取了废长立幼的做法，造成内部严重分裂，最终一败涂地。殷鉴不远，雄才大略的丞相岂能重蹈覆辙呢？

其次，就曹丕今后的对策，吴质提出了一个"以德抗才"

的简明方针。曹植所凭借者，唯在才思敏捷这一条，如果要在"才"字上与之一较短长，很难取得显著的成效。曹丕今后应当在"德"字上痛下功夫，尽量提升自己的品德。具体来说，对老父要恪遵孝道，对朝臣要异常谦恭，对下属要十分仁慈。你虽有才，不过令人羡慕而已；我却有德，足可令人钦佩，甚至令人受惠。不知不觉间，我已打下了人情关系广泛而坚实的基础。凭此基础再加上嫡长子的特殊身份，必可在太子位置的竞争上稳操胜算了。

一席话令曹丕听得来如同醍醐灌顶，茅塞顿开。他正要举壶给吴质满斟一觯，不料吴质却止住了他，说道："将军，已近子夜时分，质不能久留。此酒暂时寄存将军处，待大事成功后再痛饮三百觯！"

当下二人执手告别，吴质出房，准备如法炮制，藏在车中潜出府邸。就在他跨出房门之际，他忽然想起什么，复又转身回来，对曹丕叮咛了几句后才悄然离去。

隔墙有耳，暗夜有眼。马车载有竹簏深夜出入五官中郎将府署的消息，被一位大力支持曹植当太子的机灵角色获知了。此人的姓名大家都很熟悉，就是杨修。杨修，字德祖，乃司州弘农郡华阴县（今陕西省华阴市）人氏。弘农杨氏和袁绍的家族汝南袁氏一样，乃是东汉时期的两大顶级名门望族，第一等的金字招牌。杨修既是名公之子，本人又有俊才，故而声名发闻海内。曹操任丞相，特聘杨修为相府的主簿。这主簿参与机密，总领众事，犹如相府办公厅之主任。杨修与曹植，都属于那种天才充盈而不由自主要向外溢出的人物，故而惺惺相惜，关系亲密非常。杨修听到心腹的报告，虽然不知道这一辆进出五官中郎将府署的车中，究竟装的是人还是物，但是车辆之中必有蹊跷，却是坚信不疑的。他生性就沉不住气，立即向曹操禀报，请求进行追查。

杨修刚一禀报，即有内线密告曹丕。当天深夜，那辆神秘的马车复又出现，依然是那几只竹篾，依然是从长春坊至五官中郎将府署的路线。马车进入后门，暗中监视的一队士兵便在远处做好行动的准备。半个时辰后，府署后门重新打开，马车缓缓驶出。出府不远，马车突然被士兵拦住，强行检查。驾车人再三声明是运出府中的废物，士兵们哪里肯信，七手八脚便把竹篾翻了一个底朝天。谁知所有竹篾都搜查之后，除了一大堆废旧杂物外，竟然别无人影。兵士们只好又把杂物装还竹篾，放开马车走了。

次日，曹操得知昨夜的搜查结果，立即起了疑心。不过，他倒不是怀疑自己的儿子有什么问题，而是怀疑杨修的举报是否动机不纯，无事生非。聪明过人的杨修，这下子真如哑巴吃黄连，有苦说不出来。

那边的杨修碰了壁，这边的曹丕却暗中高兴不已。原来，这一切乃是吴质临别时所留下的防人暗算之计。这正是：

聪明反被聪明误，有意争分却失分。

要想知道曹丕和老弟曹植之间的继承人选争夺，接下来将会如何新的发展，请看下文分解。

第九章

后 发 制 人

　　自从与吴质暗中会商之后，曹丕果然一心一意地在"德"字下起功夫来。他之所以认定这一点而不动摇，除了他本人清清楚楚认识到，舍此别无良策之外，还因为另外一位智谋之士，也给他开了一个相同的"药方"。

　　这位智谋之士姓贾名诩，字文和，凉州武威郡姑臧县（今甘肃省武威市）人氏，现任太中大夫之职，乃曹操手下的重要谋臣之一。曹丕曾暗中问其自保之术，贾诩送了他一个十七字的"真言"，叫作"恢崇德度，躬素士之业，朝夕孜孜，不违子道"。意思是说，您要努力开阔和加大自己的品德和度量，亲自履行普通人的作为，早晚孜孜不倦，完全遵循当儿子的本分。这和吴质的建议完全吻合，毫无二致。既然智士所见略同，曹丕也就坚定不移，认真付诸行动。

不过，要在"德"字上取得人们看得见的成绩和效果，必须要一定的时间，这和显露才能可以立刻倾动人心是大不相同的。上文已经提到，刘勰评论曹丕和曹植二人的文学才情，有"子桓虑详而力缓""子建思捷而才俊"的评价。其实，纵观兄弟二人数年间争夺太子之位的政治较量，双方的举动表现也有类似的风格。用形象的比喻来说，老弟用的是锋芒毕露的空手道，老兄则用的是劲力内含的太极拳。太极拳者，以柔克刚、后发制人之术也。这"后发制人"四字，正是曹丕行动的指导方针。

曹氏兄弟争夺太子位置的政治较量，自建安十八年（213年）五月曹操受封为魏公起，至建安二十二年（217年）十月曹丕被正式确定为太子止，历时整整四年有余。大体说来，前两年是曹丕节节退让，屈居下风，第三年他开始转弱为强，确立优势，第四年则如愿以偿取得胜利。此处先说前两年曹丕屈居下风时的境况。

建安十九年（214年）盛夏，江淮一带连降暴雨，大小河川水位陡涨。雄踞江东的孙权，瞄准时机，亲率精锐水军两万，战船五百艘，凭借上涨的水势，由长江进入皖水，鼓棹上溯二百余里，一举攻克曹操在淮南的军事重镇皖城（今安徽省潜山县），生擒守城大将朱光。消息传来，曹操大为震怒，立即兴兵十万，扑向淮南，要与孙权决一雌雄。

大军出发的时间是在七月初。在离开邺城之前，曹操宣布：五官中郎将曹丕，随从自己东征孙权；邺城留守之职务，则由临菑侯曹植充任。这一决定，立即在人们心中引起一场不大不小的震动。

前面已经说过，自从建安九年（204年）八月曹操攻占邺城自兼冀州牧起，他就以邺城作为自己政治活动的大本营。他不仅大力营建邺城，而且不久前又把邺城定为自己封地魏国的都城，筑坛场，建宗庙，修宫苑，立朝廷，搞得热火朝天。常住邺城的曹操，则以汉朝丞相的身份，统率百官，号令天下。这样一来，就形成了一个罕见的奇特政治格局：汉献帝在南面的许县坐龙廷，而曹丞相却在北面五百里的邺城施号令。由于邺城此时已经成为实质上的政治中心，所以在曹操统兵外出之时，留镇邺城即是一项异常重要的任务。从以往的情况来看，历次曹操出征，通常都是留五官中郎将曹丕，也就是丞相的副手镇守邺城。建安十一年（206年）讨伐并州的高干，建安十二年（207年）进攻塞外的乌桓，建安十三年（208年）扫荡荆州的刘表，建安十六年（211年）打击关陇的马超和韩遂，都是如此的安排。此前，尚未有过让三公子曹植出任留守的先例。如今，魏公的继承人选问题正处于众人瞩目之际，曹操却一反常规，委曹植以重任，这将在朝廷群公心目中造成什么样的影响，自是不言而喻的。

然而出乎人们意料之外的，不仅在于此项任命，而且还有曹操对曹植的一番嘱咐。

出征之日，车辚辚，马萧萧，曹操统领谋臣战将和水步三军，威风凛凛地出了邺城。曹植与留守府署的一班要员，齐集于邺城城南章门之外的都亭，为大军送行。临别之际，曹操当着众人的面，慎而重之地对曹植说道："我当初担任顿丘县（今河南省濮阳市北）县令的职务时，不过二十三岁。回想当时的所作所为，都很正确得当，至今也毫无遗憾。现今你也正好二十三岁，望你好自为之啊！"

这一番情深意切的叮咛，在场的文武大员都听得清清楚楚。在他们的记忆当中，曹丞相这样明确地要儿子向自己学习的教诲，似乎还是第一次听到。不仅委曹植以重任，而且还勉励他以自己为楷模来处理公务，曹操心中的偏向如何，恐怕只有傻瓜才看不明白了。

那边曹植兴致勃勃地率队回转留守府署，这边曹丕毕恭毕敬地陪老父亲上了路。此时此刻的曹丕，可以用四个字来形容，即是"处变不惊"。不错，老父委三弟以留守重任，又对三弟说了一番意味深长的话语，都在他的心中掀起了痛苦的波澜。但是，这种波澜很快就被压下去了，他神态安然，举止如常，一心一意侍奉老父的饮食起居，认认真真协理军中杂务，完全就像没有事的人儿一般。

曹丕为何如此沉得住气呢？一个重要的原因，便是他认定三弟曹植难以承担留守大后方的重任。

俗语云："知子莫如父。"此处亦可套用一句："知弟莫如兄。"对于老弟的才干性格，共处多年的曹丕真是了如指掌。就才干而言，老弟所长的是文学创作，所短的是公务办理。再就性格而论，老弟的优点是直率真诚，弱点则是随心所欲，任性而为。留守一职事务繁忙，责任重大，让一位庶务不精而又行事随便的人来充任，还能有什么好结果呢？老弟此番一出纰漏，那我就占了上风，将来留守以及太子的位置还不是我的吗？如果老弟不能担任此职，就还暴露不出来他的弱点，由此观之，倒真是应该感谢老父的安排了。由于有了这样的判断，所以曹丕镇定如常，并且专心专意地在老父身上，认真修炼提升品德的功夫。

三个月后，也就是在这年的十月间，曹操在淮南一线未能占到孙权的什么便宜，只好怏怏收兵北归，回返邺城。曹操刚刚回到自己的魏公宫中，便把对孙权小儿的一口恶气，出在汉献帝的伏皇后身上。他以伏皇后曾经在私人的信件中诋毁自己为由，将伏皇后本人，连带其家属和宗族数百人，一口气全部杀光。而此时的曹丕，其心中也和其父一样充满了失望。原来，在这三个月中，担任后方留守的曹植，竟然勤于公务，尽职尽责，毫无任何过失，更未捅出什么大娄子来。为此，曹操还着实夸奖了曹植一番。曹丕的希望落了空，他辗转反侧，夜不能寐，不知道老弟何以会一反常态，判若两人。甄氏夫人见他心绪恶劣，自然要关心询问。曹丕羞于吐露此等心事，总是假托其他事情掩饰过去。

转眼就到了第二年的春天。暮春三月，日暖风和。曹操转而着手经营西南，亲率大军西出关中，再向南进攻雄踞汉中郡（治所在今陕西省汉中市）将近三十年之久的张鲁。曹操此刻把用兵的方向转向西南，其主要目的是要遏制刘备势力的向北扩张。刘备刚刚从本家刘璋手中夺得了益州（主要地域在今四川、云南、贵州和陕西省南部），正在虎视眈眈，想要北进汉中，吞并张鲁，进而威胁关陇。曹操岂肯坐失先机，遂抢先对汉中这一战略要地动了手。

曹操对此次用兵的种种困难，具有清醒的认识。首先是战争前线距离后方大本营的路途甚远，汉中到邺城的实际路程，至少在两千里以上。其次，汉中北依秦岭，南傍巴山，乃是两山之间的一块盆地。由关中进入汉中，必须穿越秦岭，而秦岭的山谷小路狭窄崎岖，行军异常艰难。在这种特殊的地理环境中作战，时间必定拖得较长。为了保障前线军需粮食物品的供给，曹操决定在邺城与汉中之间的交通枢纽洛阳（今河南省洛阳市东）附近，派遣专人驻守，全力监督后勤运输。专使的驻地，是洛阳城东北四十里的孟津（今洛阳市偃师区北）。这孟津乃是黄河上一处著名的古渡口，北通冀、并二州，南接荆、豫二州，诸州的物资均可由此装船西运关中。

邺城留守的重要责任，曹操仍然要曹植承担。而孟津督运专使这一角色，则落到了曹丕身上。

老父亲的这一安排，使曹丕再一次陷入失望之中。因为孟津专使一角色的重要性，无论怎样说也要比邺城留守逊色一筹。事情很明显，在老父心中，三弟的分量是越来越重，而自己的分量是越来越轻了。

如果曹丕立即尽情发泄一番，并且从此自暴自弃，那么他只能算是凡庸之辈了。他这个人的超凡脱俗之处，即是具有很强的自制能力。用史书上的话来说，是非常善于"矫情自饰"，即克制情绪而使自己表现正常。他非常清楚，老父最讨厌子嗣违背自己的心意。假如自己表现出些许的不满，那今后的前途便完完全全断送了。保持镇静，继续按照既定方针行事，也许还有一线希望和转机。理智占了上风，曹丕也就老老实实地接受了指派。

按照老父的训示，曹丕先在邺城督办冀、幽二州的军用粮食物资的调集事宜。五月初，邺城这方面的公务顺利结束，曹丕随即起程驰赴孟津。

当时，从邺城到洛阳北面的孟津，有水陆两途可走。由邺城南下约二百里，在黎阳县的白马津（今河南省浚县东）上船，沿黄河上溯五百里至孟津，这是水路。由邺县南下，渡过黄河后沿着黄河南岸西行，可以直插孟津，这是陆路。水路是逆水行舟，速度迟缓。曹丕急于赴命，自然选择了陆路。

山花烂漫，芳草萋萋。曹丕离开喧嚣的城市，暂时摆脱了繁杂的公务和名利是非之场，来到大自然的青山绿水之间，一向抑郁不舒的心胸不禁为之一爽。但是，他万万没有想到，这种日趋祥和宁静的心境，竟然被几株无知无觉的树木搅起一阵动荡的波浪。

这一日，曹丕来到司隶校尉部河南尹的中牟县界，在县北的官渡（今河南省中牟县北）宿营。汉武帝时，全国分为十三个大监察区，亦即十三州。每州置刺史一人，监察所辖区域内的郡、县地方行政官员是否奉公守法。但是，首都所在的州，其监察长官不叫"刺史"，而特别称之为"司隶校尉"，故而此州的正式名称是"司隶校尉部"，简称为"司隶"。到了东汉后期，州变成郡县之上的正式行政区划，州刺史和司隶校尉，随之变成正式的行政长官。这时的司隶校尉部，下辖七个郡，而首都洛阳所在的那一郡，又特称为"河南尹"。这中牟县位于河南尹的东面。县北十余里，有著名的鸿沟水由西向东缓缓流过。鸿沟水曾名官渡水，曹丕宿营的官渡，即在鸿沟水的南岸边。沟北岸不足四十里处，便是当年张良派遣大力士暗杀秦始皇的博浪沙（今河南省原阳县南）。

建安五年（200年），曹操与头号劲敌袁绍决战于官渡。此前，曹操已在此咬牙坚持了一年有余，这时终于以弱胜强，一举击败袁绍，为统一北方奠定基础。当时，十四岁的曹丕亦随父亲住在官渡大营，并在驻地种植柳树数株，作为胜利的纪念。岁月不居，时节如流，转瞬之间，便逝去了十五个春秋。当年高不过一尺多一点的柳树幼苗，现今已然长成了合抱的大树，叶绿枝柔，浓荫匝地，暎暎可爱。但是，随着岁月的流逝，这件小事在曹丕心中，早就淡忘了。

夕阳西下，红霞满天。曹丕早早用过晚膳，稍事休息后，即带领一队侍从到各处巡视。看到十五年前的战壕壁垒，残迹犹存，他的心里已经涌起无限的感慨。待到他突然发现那几株在晚风中摇曳生姿的柳树时，记忆的火花突然闪现，感情的潮水顿时在胸中更加猛烈地翻腾起来。

曹丕快步上前，轻轻地抚摸着树干，不知不觉间热泪已经模糊了他的双眼。此时此刻，他如逢旧友，如遇故知，虽有满腹的感触，但又不知道从何说起。

是夜，曹丕辗转难眠，于是披衣下榻，濡墨伸纸，写下了一篇《柳赋》，其文辞如下：

昔建安五年，上与袁绍战于官渡时，余始植斯柳。自彼迄今，十有五载矣。左右仆御已多亡，感物伤怀，乃作斯赋，曰：

伊中域之伟木兮，瑰姿妙其可珍。秉灵祇之笃施兮，与造化乎相因。四气迈而代运兮，去冬节而涉春。彼庶卉之未动兮，固肇萌而先辰。盛德迁而南移兮，星鸟正而司分。应隆时而繁育兮，扬翠叶之青纯。修干偃蹇以虹指兮，柔条阿那而

蛇绅。上扶疏而孛散兮，下交错而龙鳞。在余年
之二七，植斯柳乎中庭。始围寸而高尺，今连拱
而九成。嗟日月之逝迈，忽橐橐以遄征。昔周游
而处此，今倏忽而弗形。感遗物而怀故，俯惆怅
以伤情。

　　于是曜灵次乎鹑首兮，景风扇而增暖。丰弘
阴而博覆兮，躬恺悌而弗倦。四马望而倾盖兮，
行旅仰而回睹。秉至德而不伐兮，岂简卑而择
贱？含精灵而寄生兮，保休体之丰衍，惟尺断而
能植兮，信永贞而可羡。

　　全文分为三段。第一段是序言，点明写作的起因。下面
两段是正文，正文的第一段，主要是"状物"，即描绘柳树实
际的生长状况；第二段则是抒情，特别是借柳树来抒发自己
所处境遇的情怀。

　　从赋文中，我们不难窥知曹丕当时那种深沉感喟的主要
成分。最为明显者，自然是慨叹岁月易逝，人生短促。这种
悲凉的感慨，对于产生在乱世之中的建安文学而言，乃是具
有普遍性的主题，并无特殊之处。真正值得注意的，倒是最
末一段所表达的弦外之音。在这里，曹丕对于普普通通的柳

树进行一番美化，把它们描绘成能够"含精灵""保休体"的"至德"之木，而且是能够"尺断而能植"的"永贞"之木，意思是哪怕被砍断成一尺长的残枝，也能重新生长，堪称是永远坚贞的树木。如果我们联想到曹丕此时政治上的艰难处境，联想到他那"以德抗才"的竞争策略，即可明白这是曹丕在自喻和自勉。因此，慨叹个人遭际的坎坷，才是赋文更深一层的意旨。由于他在表达上相当含蓄和隐晦，欲说还休，欲露还藏，这深一层的意旨很容易被人忽略。所以千载之下，评论曹丕诗文者，对此玄机还很少有人点破。

次日，曹丕满怀惆怅，离开官渡，驰赴孟津。他在孟津逗留了七个月，到建安二十一年（216 年）的春二月，才同凯旋东归的老父一同回返邺城。他没有料到，写了《柳赋》之后，竟然就沾上了杨柳生机勃发的生气，使得自己的政治前景出现了转机。这正是：

抒情绿柳沾生气，且看花明又一村。

要想知道曹丕回到邺城，其政治前景出现了甚么样的转机，请看下文分解。

第十章

柳暗花明

在曹丕的政治生涯中，建安二十一年（216 年），是具有决定性意义的一年。

仲春二月，曹操得意洋洋地率领西征兵马回到邺城。此次西征，曹操不仅收降了张鲁，夺得汉中，而且还顺便清除了盘踞关陇的韩遂势力，从而形成了虎视益州的有利态势。西征大获全胜，曹操便有充足的理由来把自己的封爵再提高一等。比公爵更高一等的，那不就是王爵了嘛。所以在五月间，汉献帝就下达诏书，进封丞相曹操的爵位，从魏公升为魏王。这王爵与皇帝之间，相差仅仅只有一个等级而已。曹操把自己的封爵提升到臣僚所能享有的最高等级之后，接下来就不能不考虑继承人选的重要问题了。从建安十八年（213年）五月曹操晋封魏公起，太子人选久无定议，一直虚悬至今。久拖不是办法，不仅政治形势不允许久拖，而且曹操本人的年龄也不允许他久拖，逼得他要早点做出抉择。此时的曹孟德，已经六十二岁。古人的平均寿命不高，七十即称古稀。眼见得大半截身躯都已经埋入黄土，你还下不了决心，难道要等你眼睛闭了之后，由子嗣们自己动手去抢个头破血流吗？

思前想后，曹操决意在近期之内把太子人选定下来。由于兹事体大，所以曹操开始在重臣之中秘密征求意见，再来看是立曹丕还是立曹植。这样一来，曹丕兄弟之间的政治争夺，便开始进入决定性的阶段。

曹操既然就这一问题暗中征求臣僚的意见，出于不同的政治动机，臣僚随之分成拥兄与拥弟两派。

先说拥弟派。这一派的中坚分子，是杨修、丁仪与丁廙三人，此外尚有荀恽、杨俊、孔桂等次要人物。

杨修其人，前文已有介绍，此不赘述。丁仪，字正礼。丁廙，字敬礼。二丁乃是同胞兄弟，祖籍沛郡（治所在今安徽省淮北市西北），是曹氏的大同乡。丁氏兄弟的父亲丁冲，与曹操自来关系友善，所以曹操"挟天子以令诸侯"之后，提升丁冲为司隶校尉。丁冲其人，爱酒如命，竟至于在司隶校尉任上，因饮酒过度而"醉烂肠死"，即醉得来肠道都烂掉而死亡。丁冲死后，曹操顾念旧情，有心把爱女许配与丁冲的长子丁仪，以扶持丁氏。但是，曹操尚未见到过丁仪本人，故而向熟悉丁家大公子的曹丕征询意见。曹丕据实以答，没想到因此而与丁氏兄弟结下深仇大怨。

原来，这丁仪虽然具有才干，外貌却有点欠缺。他的一只眼早年失明，这在当时称之为"眇"，而今俗呼作"独眼龙"是也。曹丕认为"女人观貌"，也就是女性择夫首先是看重容貌，所以小妹未必喜欢一只眼的丁仪，主张另择佳婿。曹丕所建议的对象，乃是伏波将军夏侯惇的次子夏侯楙。曹操觉得儿子之言有理，当即应允。事情过后不久，曹操下令选用丁仪为丞相府的幕僚，作为一种补偿。丁仪到职之后，曹操立即召见并与之谈论。自来取士以才为先的曹操，对丁仪的见识和口辩大为赞赏，不禁私下悔叹道："丁仪，真是优秀人才啊！即使他的双眼都失明了，都应当把女儿嫁给他，何况他只是单眼失明嘛？子桓这娃娃误导我了！"

后来，丁仪得知底细，自然对搅黄自己好事的曹丕恨入骨髓。从此，他与担任曹操近侍的老弟丁廙联手，一心拥戴曹植，必欲把曹丕从继承人的位置上推下来而后快。你不让我当魏王的女婿，我也不让你当魏王的太子，丁仪就是在这种复仇心理的驱使下投入一场政治赌博，直到后来输掉了兄弟二人并全家男口的性命为止。

荀恽，字长倩，豫州颍川郡颍阴县（今河南省许昌市）人氏。颍川荀氏亦是东汉的名门大族。荀恽之父荀彧，字文若，是曹操手下智囊团中著名的首席谋臣。为了巩固自己的地位，曹丕对荀彧一直毕恭毕敬。建安十七年（212年）荀彧死后，曹丕又对荀恽寄予厚望。此时，荀恽官任虎贲中郎将，是汉献帝宫廷卫队五个分队司令官之一，而且他还娶了曹操的另一个女儿为妻，在曹操面前也算说得起话的人物。可惜事与愿违，荀恽之心竟向着三舅爷曹植，令大舅爷曹丕气得咬牙切齿。荀恽其后早死，不然在曹丕得志之后，他的日子就很难过了。

杨俊，字季才，司隶校尉属下河内郡获嘉县（今河南省获嘉县东）人氏。其人才能干练，时任魏国的中尉。汉代制度，诸王的封地境内，设有中尉一官，其任务是统属王国自有的军队，维持境内治安。曹操以异姓封王，特选杨俊为自己封国的中尉，可见对之相当信任器重。

至于孔桂，乃凉州天水郡（治所在今甘肃省甘谷县东）

人氏，时任骑都尉，为曹操的亲信侍从。杨、孔二人，在这场兄弟争位的政治斗争中都倾向曹植，后来亦都遭到曹丕的严厉报复。

拥兄一派的朝臣明显占有多数。在文臣当中，态度鲜明支持曹丕为继承人者，就有太中大夫贾诩、丞相府东曹掾兼魏国尚书崔琰、丞相府东曹掾兼魏国尚书仆射毛玠、丞相府东曹掾邢颙、魏国虎贲中郎将兼侍中桓阶等多人。此外，魏国的臣僚中，还有大理锺繇、奉常王朗、黄门侍郎夏侯尚；武将之中，还有征南将军曹仁，曹操帐前近卫军将领曹休、曹真，他们都与曹丕保持着亲密关系。从他们后来在曹丕当权时备受优宠的事实来推测，这些人当初一定是曹丕的坚定支持者。

拥兄派所持的理由，崔琰说得最为明白而简练。他向曹操陈说道："按照《春秋公羊传》所阐述的义理，立太子应依照长幼之序；加之五官中郎将秉性仁孝聪明，当然应当由他继承正统。微臣不才，愿意以生命来护卫原则！"

崔琰字季珪，乃冀州清河郡东武城县（今山东省武城县西北）人氏。清河崔氏，也属于当时的名门大族。崔琰其人正直而有行政才能，是曹操手下最为得力的干员之一。他所坚持的《春秋公羊传》义理，就是上文已经提到的"立嫡以长不以贤，立子以贵不以长"两条。其实，崔琰的堂侄女，嫁与曹植为妻，按说他和曹植的关系要更深一层。如今他出以公心，维护曹丕的嫡长子地位，这使曹操也有所感动，以至于"喟然叹息"。

如果说崔琰是从正面说明道理，那么贾诩则是从反面加以论证。贾诩其人，前文有所介绍，向曹丕贡献"恢崇德度，躬素士之业，朝夕孜孜，不违子道"这十七字真言者，就是此人。由于贾诩谋略出众，不仅曹丕要向他讨教，就是老谋深算的曹操，也要请他帮自己拿主意。这贾诩果然不是虚有其名，当他回答曹操的询问时，其表达方式与他人就迥然不同。

一日，曹操召见贾诩，要他就自己继承人选问题发表高见。贾诩呆坐许久，一言不发。曹操忍不住问道："向爱卿问话而不回答，是何道理？"

贾诩一本正经地回答道："适才心中有所思考，故而未能立即奉答大王。"

"思考何事？"曹操再问。

"思考袁本初、刘景升父子的往事啊。"贾诩恭恭敬敬回答。

曹操一听，顿时明白了贾诩的弦外之音，不禁哈哈大笑。原来，袁本初即是袁绍，刘景升即是刘表，二人都是东汉末年的割据群雄，曾经分别割据冀州和荆州多年。袁绍和刘表虽然都是当时的风云人物，却都犯了一个偏爱幼子的毛病。俗话说："皇帝爱长子，百姓爱幺儿。"袁、刘两名割据一方的诸侯，竟然得了庶民百姓的通病，破败的祸种先就在内部生了根发了芽。袁绍病死前，把大权交付给幼子袁尚，引起长子袁谭的强烈不满，从此兄弟刀兵相见，最后让曹操坐取渔人之利，自取灭亡。刘表临终，也是安排幼子刘琮继承权位，把长子刘琦外放到江夏郡去担任太守，兄弟不和削弱了自家的实力，所以曹操才能在旬月之内席卷荆州。贾诩所谓的"思考袁本初、刘景升父子的往事"者，意思是提醒曹操绝对不要废长立幼，以免重蹈他人之覆辙。

平心而论，在以上两派当中，拥兄一派的意见是值得重视的。如果曹操一定要立曹植，除非他对曹丕及其坚定支持者施行非常的手段，否则今后宫廷流血事件断难避免。果真如此，届时就该轮到江东的孙权和益州的刘备来收取渔人之利了。

不过，道理归道理，感情归感情。理不胜情之事，即使在英雄人物身上也是经常发生的。尽管拥兄一派的臣僚人数较多，而且理端辞切，曹操依然下不了最后的决心。到了这一年的夏秋之际，曹操听信了丁仪的逸言，先将崔琰处死，紧接着又把毛玠废黜。拥兄派少了两位中坚人物，曹丕所面临的局势反而更加严峻起来。

几乎绝望的曹丕，仍然以"忍"字当头，咬紧牙关坚持。世间上的事，其成功与否，往往取决于当事者在经历了九九八十一难之后，还能不能再坚持那么一时半刻。好不容易又熬到了冬十月，曹丕的命运终于出现了大大的转机。

转机的出现，是因为曹植及其支持者，犯了一个致命性的严重错误。

这年十月，草木摇落，朔风时起。曹操以魏王兼汉朝丞相的身份，亲率水步三军，再度从淮南方向进攻孙权。夫人卞氏，次子曹丕，曹丕之子曹叡，曹叡之妹东乡公主，都随从曹操前往，而曹丕之妻甄氏因病留在邺城。

邺城留守之职仍由曹植担任，这已经是他第三次留镇魏国的都城了。前两次，他都是兢兢业业，尽职尽责，没有出一丁点差错。这一次情况不同了，由于取得太子的桂冠看来大有希望，加之对留守事务又因熟悉而生出懈怠之心，结果曹植便做出了一件曹操绝对不能容忍的越轨之事来。

要想知道曹植做出了何等越轨之事，必须先将有关的文化知识，即当时的制度及邺宫建筑略作交代。

秦汉时期，天子离开皇宫外出巡游，将使用一种专门为他修筑的御道，当时称为"驰道"。

据史籍记载，驰道的宽度是五十步，两旁每隔三丈，约合今七米，即种植松树一株，所以沿路景色颇为壮观。天子以下的诸色人等，不仅不能在驰道上行走驰骋，就是要想横穿驰道，也必须从指定的地段通过，如同现今马路上的人行斑马线一般。如有违犯，必受严厉的惩罚。《汉书·成帝纪》中就有这样一段故事叙述，说是汉成帝刘骜在当皇太子之时，某日突然接到其父皇汉元帝的紧急召唤。当时刘骜住在桂宫，与汉元帝的寝宫仅仅隔着一条驰道。但是刘骜出得桂宫之后，不敢随意横穿驰道，只好打马向西，一直跑到长安城西的直城门附近，才从指定地段横穿驰道。然后又回马向东奔回来，进入父皇的寝宫。汉元帝早已等得不耐烦，便问皇太子何以姗姗来迟。刘骜据实以告，汉元帝见太子很守本分，不禁大为高兴。随后，汉元帝又特别下令，给予太子随便横穿驰道的特权。

曹操受封为魏公与魏王之后，邺城作为魏国的首都，城内也建成了专供曹操专用的驰道。东西驰道长七里，东起建春门，西至金明门。南北驰道长五里，南起章门，北至广德门。这两条驰道把邺城分成大体相等的四部分，而位于西北方向的四分之一城区，即是魏王宫殿与魏国官署的所在地域。

宫殿区的北半部是魏王家族的生活区。其东为寝宫所在，有鸣鹤堂、木兰坊、楸梓坊、温室、文石室、东堂等宫室。其西为园囿所在，有铜雀台、金虎台、冰井台、芙蓉池等景观，统称作西园或铜雀园。宫殿区的南半部是魏王的办公区，主要由两组建筑构成。西面一组建筑的主体为文昌殿，这是王宫的正殿，也是魏王在重要节日大会群臣之所。东面一组建筑的主体为听政殿，此乃魏王日常办公之处。听政殿的东侧，自北向南，有尚书台、内医署、御史台、符节台、谒者台、丞相府诸曹等办事机构。整个办公区遍植槐树，一片青翠。

听政殿前正对进出魏宫的大道。由此大道向南，依次穿过升贤门、宣明门、显阳门，便到了魏宫的正门。正门的正式名称叫作"司马门"。在司马门设有公车司马令的官员，负责出入检查与夜间巡视。出司马门继续向南不远，便来到邺城的东西驰道。按照当时的制度规定，司马门只供魏王曹操本人的车驾出入，其他任何人出入王宫，只能经由司马门两侧的掖门。

曹操率军出征之后，转眼就到了第二年的春天。早春二月，孙权为了缓和外部的压力，便仿效越王勾践对付吴王夫差之术，派遣特使向曹操请降。曹操也巴不得暂时安定东方，以便专力对付西边的宿敌刘备，于是乎显出宽大为怀的模样，恩准孙权俯首称臣。双方假戏真做，表演一番，三月初曹操即开始退军北归。

这一月，曹植听到前线传来的好消息，高兴莫名，当即邀集心腹僚佐痛饮于听政殿侧的议事厅。是时，春花已发，春草已生，值此良辰美景，富于文学气质的曹植本已无比兴奋；加之诸宾客又纷纷捧场，说是此番大王不战而收降江东，功德巍巍，归来后其名位必将再进一步而与天子比肩，既然大王比肩天子，君侯你必将正名为太子无疑。曹植听了愈加得意，连连举觞满饮，很快就喝得醉眼陶然。

吃饱喝足，曹植吩咐侍从备车，他要带上众人前往西郊十里的漳河之滨游春。众宾客虽然面带春色，心中却还清醒，他们鱼贯而行，步出司马门西掖门之后，在门前依次登车。

先行一步的曹植就没有这么守规矩了。他在议事厅前上车坐定之后，随即命令侍从大开中门。蹄声嘚嘚，朱轮滚滚，片刻工夫他便从升贤门驰抵司马门。公车司马令依照制度，请曹植由掖门出宫，不料却遭到一顿痛斥。可怜的守门官无可奈何，只好敞开正中的司马门，让曹植的座车从中驶出。

出得王宫，驭者顿辔扬鞭，那车如风驰电掣一般直奔正南，转眼便把诸宾客的随从车辆远远抛在后面。到了与驰道相交的丁字路口，驭者正想向西转弯进入驰道旁侧供常人使用的便道，不料却听到主人要车驶入驰道的命令。略一迟疑之后，驭者催马向前，进入宽阔平坦的驰道。但见黄尘起处，车去如飞。和煦的春风，不断吹拂着曹植那发热发昏的额头，使他感觉到一种说不出的快意。道旁的百姓，看到驰道正中一闪而过的华贵专车，都怀疑是不是魏王本人已经回转邺城了。

这一天的曹植过得非常之愉快。但是，也就是在这一天，曹植葬送了自己的大好政治前程。

不久，魏王曹操凯旋回到邺城。他一听到曹植擅自开启司马门，并且驱车在驰道之上的消息，不禁气得七窍生烟。他心想：我虽年迈，总还未死，这个孽种就急不可耐想取我而代之了么？于是立即下令处死那位可怜的公车司马令。同时，又痛责曹植一番。从此，曹植在曹操心目中便不再占有重要的位置了。

老弟的不幸却是老兄的大幸，曹丕命运的大转机就这样来到眼前。这正是：

老弟轻狂遭白眼，为兄克己转生机。

要想知道曹丕命运的大转机，其具体的内涵究竟如何，请看下文分解。

第十一章

魏国太子

福无双至，祸不单行。就在因私开司马门和驶行驰道而遭受痛责后不久，曹植又碰到一件倒霉事，这使其兄曹丕暗中高兴不已。

曹植之妻崔氏，乃是一位美丽贤惠的大家闺秀。上文已经说过，崔氏乃是曹操得力下属崔琰的堂侄女。她自归曹植以来，夫妇二人琴瑟和谐，伉俪之情甚笃。曹植遭到痛责，情绪颓丧低落。崔氏夫人看在眼里，痛在心中，便想方设法转移丈夫的注意力，使之从痛苦之中解脱出来。

一日清晨，崔氏夫人早早起床，对镜梳妆之后，取出一套自己最为喜欢的锦衣绣襦和金玉饰物，悄无声息地穿戴起来。这套衣服，本是她数年前出嫁时娘家置办的陪奁，质地精美，做工考究，很受她夫妇俩的喜爱。不过，自崔氏来到曹家，她还从未穿过这身衣服。未穿的原因很简单，是不敢违犯夫家的一条严厉规矩。

原来，曹操其人，生活素来俭朴。汉末天下扰攘，曹操崛起于乱世之中，芟夷群雄，必须有强大的经济实力作后盾。为此，他一方面"开源"，大兴屯田，征收赋税；同时又注意"节流"，以身作则，厉行节约，减少开支。他亲自定下规矩：曹家妇女，包括自己的妻妾，一不准穿锦绣衣物，二不准在被褥和坐垫上施加装饰性的花边，三不准使用丹漆糅饰的器物，违者将受重罚。崔氏小姐一到夫家，就听到上述家规，只好把珍爱的衣服闲置于衣箧中。

今天她在自己的卧室之中着意打扮一番，其目的是想让丈夫看了高兴高兴，所谓"士为知己者死，女为悦己者容"是也，也真是难为她了。果然，曹植一起床，看到娇妻衣饰光鲜，花团锦簇，与往昔那种葛衣布裙的朴素模样大不相同，心情不禁为之一爽。匆匆用罢早膳之后，曹植便要妻子陪自己到西园芙蓉池去看鸳鸯戏水。

崔氏正要更换朴素衣装，却被丈夫止住。曹植认为：此时天色尚早，西园不会有什么人，父王上午要在官署之内办公，更不会到西园来，只消快去快回，必然无事。好不容易才使丈夫有了这样的好心情，崔氏夫人哪里忍心拂逆丈夫的意旨呢，于是身着锦衣绣襦，前往西园。谁知道这一去就出了大事。

那一日恰逢曹操心绪不佳。他放下公务，带了几个随从登上铜雀台，想让浩浩云汉荡涤心胸。他偶一回头，正好看到芙蓉池畔那穿锦着绣的儿媳妇。曹植违制，至今曹操依然余怒未息，现在曹植之妻又犯了禁，曹操顿时火冒三丈。他不顾左右的劝阻，下令送崔氏回娘家自裁。可怜一位温柔多情的善良女子，就这样无辜丧失了年轻的生命。

老弟接连栽跟斗，而老兄则趁机加强了幕后的活动。此时此刻的曹丕，对其老父可以说是在施展"内外夹攻"的手段。所谓的"外"，即是与朝廷大员进一步搞好关系，让他们在老父面前为自己投下赞成票。而所谓的"内"，则是笼络老父身边的姬妾宫人，使之一有机会就为自己说好话。在施行"内攻"之时，曹丕一方面注意做到面广，即尽可能多拉拢一些人，史称当时"宫人左右，并为之说"，即曹操王宫内的身边女性，都在替他说话，由此可见他是如何肯下功夫。另一方面，他又注意突出重点，对老父特别宠爱的姬妾，例如刚刚入宫不久的王夫人，实行特别有效的笼络办法。作为回报，王夫人便向曹操吹起了相当强劲的枕边风。经过这样一番努力，曹丕终于确立了自己的胜势。

建安二十二年（217年）十月，汉家天子又下了一道诏书，昭示魏王曹操可以享有更高的礼仪规格，即"冕十有二旒，乘金根车，驾六马，设五时副车"。在当时，帝王所戴的礼帽被称为"冕"，冕的前后两端，缀以数目相同的珠串，这叫作"旒"。按照等级规定，王爵的冕，前后各有九旒，只有皇帝之冕，前后才各有十二旒。此外，由六匹马牵引的金根车和五时副车，也是只有天子才能专门享用的御物。由此可见，这道诏书一下，除了"皇帝"这个虚名还由汉献帝保持以外，天子的其余一切，包括手中权力和御用器物，曹操全都享有了。换言之，此时的曹操，已经不再是魏王，而是"天子第二"或"准天子"。更为直白地说，曹操才是真正的天子，而汉献帝不过是一个虚有其名的傀儡天子而已。

同一道诏书中，又还诏告天下：五官中郎将曹丕，被正式确立为魏国太子。

至此，历时数年之久的继承人之争，终于以曹丕获得胜利而落下帷幕。

曹丕正式享有了太子的名分，魏王宫中的宫女，纷纷来到曹丕生母卞夫人面前贺喜讨赏。这卞氏夫人跟随曹操三十余年，生死与共，备尝艰辛，并且还给曹操生了四个宝贝儿子。但是，由于太子人选未定，她这个嫡室夫人迄今尚未正式晋升为王后，还滞留在"夫人"这一等级上。现在长子曹丕正了名，"母以子贵"，卞氏晋封王后指日可待。宫娥采女们好不容易盼到一个领红包发小财的机会，所以七嘴八舌地要求卞氏夫人掏腰包来赏赐大家。

谁知道卞氏夫人的头脑相当清醒，她淡定从容地回答众人道："魏王考虑到子桓儿的年龄最大，故而决定以他为太子。我今天只觉得能够免除教子无方的过失便是幸事了，怎么还敢大手大脚重赏你们呢？"

宫娥采女们大失所望，然而曹操得知此事后却异常高兴，他赞扬卞氏的表现说："怒不变容，喜不失节，这确实是最难做到的事啊！"

相形之下，曹丕的涵养便比其母逊色一筹了。至少在心腹至交的面前，他的表现是有些失态，结果受到一位有见识的女子，对他进行的讥评。

事情的经过说起来很有点趣味。在曹丕戴上太子桂冠那几天，前来贺喜的官员宾客真可谓络绎不绝。其中有一人，姓辛名毗，字佐治，乃豫州颍川郡阳翟县（今河南省禹州市）人氏，当时官任议郎。辛毗其人素有智计，起初在袁绍手下效力，后来改换门庭，投奔曹操。归曹之后，他与曹丕建立起亲密的关系，自然也是拥兄派的一员健将。

曹丕听说辛毗来到，当即吩咐在内室相见。二人见面施礼后尚未落座，曹丕屏退左右，一手抱住辛毗的颈项，附耳低言道："辛君，你知道我心中是何等的欢喜吗？"

辛毗自然是不住地点头。接着二人又畅谈许久，辛毗才告辞出府而去。

辛毗归家之后，对其他人都只略略谈了谈拜访太子的情况，唯独对爱女宪英，则详细述说了一切，包括曹丕抱颈低语等生动的细节。辛毗何以如此？原来，这辛家小姐得父遗传，见识超卓，不让须眉。辛毗凡遇大事，总要与女儿商量，而辛家小姐的看法与建议，往往令老谋深算的父亲也赞赏不已。今日辛毗对女儿详述经过，正是想听听其感想如何。

未曾开言，辛家小姐先自长叹一声。接着，她轻启朱唇，说出一番令白发老父吃惊的话来："太子，是代替君王主持宗庙社稷之人。代替君王，必定是君王不久将要长辞人世，这不能不令人悲戚。而且主持宗庙社稷，也就是治理国家，这般重大的任务不能不令人恐惧。应当感到悲戚和恐惧的时候，却反而表现出狂喜莫名的情态，这何以能够保持长久呢？魏国呀魏国，将来很有可能不会昌盛啊！"

这边的辛家小姐在为魏国的前途担忧，那边的曹丕却正在绞尽脑汁撰写一封家信。他独坐书斋，数易其稿，好不容易才算完了篇。曹丕也是在建安文坛上领风骚的角色，诗歌、辞赋、散文，样样都拿得起完得成，何至于对一封家书感到穷于应付呢？此中原因非他，而在于这封家书的用途非常之特殊。

汉献帝下诏以曹丕为魏王太子，并不意味着这一恩宠出自汉献帝本人。曹丕心里非常明白，除了自己的老父之外，普天之下再无第二人对此事拥有决定权。因此之故，对汉献帝的诏书需不需要呈上表章感谢恩典倒无所谓，而向老父呈送一封感谢器重的书信却是绝对必要的。此刻曹丕绞尽脑汁来对付的，正是这样一封家书。

曹丕后来曾经如实记录下当时自己的为难景况，他这样写道：

　　余蒙隆宠，忝当上嗣，忧惶踧踖，上书自陈。欲繁辞博称，则父子之间不文也；欲略言直说，则喜惧之心不达也。里语曰："汝无自誉，观汝作家书。"言其难也。

意思是说，我蒙受恩宠，忝任太子，忧虑惶恐局促不安，开始动笔撰写书信向父王陈述心情。本想写得文辞丰富多彩一点，又考虑到父子之间写信吐露心曲，文辞过于藻饰不免显得虚伪；想要写得简略直白一点，又不能充分表达我喜忧参半的心情。俗话说："你不要自夸写文章如何了得，只消看你写的家书就能看出你的真实本领了。"这就是指写家书是很困难的事呀。

不过，无论怎样为难，曹丕身为文章大家，最终仍然完成了一篇繁简适度和措辞得宜的感恩家书交了上去。曹操看了颇为满意，觉得曹丕是要比其三弟曹植懂事得多。

不久，曹操下令为太子曹丕好好选择其下属官员，以示优宠。据史籍所载，当时为太子东宫配置的官员主要有以下数种。

首先是太子太傅与太子少傅。此处的"傅"，是指教育辅导太子之人，也就是太子的指导教师了。"太傅"是大老师，"少傅"则是二老师。这两个职务，分别由德高望重的凉茂、何夔担任。按照规定，每月的初一日，太子太傅与太子少傅，即所谓的"二傅"，要进入东宫教导太子一次，太子曹丕则应当穿戴正式的礼服，洗耳恭听。其余的日子双方不再接触。

其次是太子中庶子。中庶子乃太子侍从之臣，与太子的关系最为亲密。如果说，设立"二傅"的目的，是要给太子提供"良师"的话，那么设立中庶子的目的，就是给太子提供"益友"了，希望通过他们的潜移默化之功，促使太子不断进德修业。当时充任魏太子的中庶子者，有司马懿、司马孚兄弟，以及鲍勋、荀辉等人。

最后说到太子文学。"文学"这一种官员，始置于汉代。西汉时即在地方的郡政府中设置文学掾，负责当地的文化教育。曹操执掌汉室朝政，在自己的丞相府，以及曹丕的五官中郎将府署、太子东宫，还有三子曹植所封的侯国，都设有"文学"的官职，人数不一，总之是以擅长文学创作的才士充任。曹操好文，故有此举。而一大批文思富艳的作家，因此便聚集到曹氏父子的周围。建安时期的文学之所以兴盛一时，关键性的原因，就在于有官方的倡导和支持，而不是偶然性的自发现象。此时被曹操挑选来充任太子文学者，有郭奕、王昶、荀闳、郑冲等人。

官属选配齐备，曹丕择一吉日，在东宫大会众官。会见结束，少不得佳肴美酒款待，热闹一场。当晚酒阑人散，曹丕回到卧房，脱冠冕，去礼服，而后长长地叹了一口气，面色惨然不怡。

　　朝思暮想数年之久的太子桂冠戴到了头上，东宫官属的班底也配得整整齐齐了，曹丕又有何事不高兴呢？

　　其实，曹丕心中的伤感情绪，在刚刚与众官会见时即已开始涌动，只不过他强忍着没有表现出来而已。要说清楚曹丕何以伤感，不能不先叙述建安文坛诸子的接连凋零。

　　前文说过，建安文学的中坚人物，是曹操、曹丕、曹植这"三曹"，再加上孔融、陈琳、王粲、徐幹、阮瑀、应玚、刘桢这"七子"。当此之时，正如曹植的名句形容，"人人自谓握灵蛇之珠，家家自谓抱荆山之玉"，堪称群星荟萃，星汉灿烂，极一时之盛也。可惜天不怜才，"七子"全都寿数不永。建安十三年（208年），孔融因触怒曹操而被诛杀，第一个离开人间。四年之后，阮瑀又因病谢世，用曹丕的话来说，是"元瑜长逝，化为异物"。接下来轮到王粲。建安二十一年（216年）冬，他随曹操东征孙权，次年春天即病死于回军途中，年仅四十一岁。就在王粲死时，一场可怕的大瘟疫在北方迅速蔓延开来。曹植在其《说疫气》一文中，描述当时的悲惨情景道：

　　　　家家有僵尸之痛，室室有号泣之哀。或阖门而殪，或举族而丧。

　　在这场大灾难中，文坛健将亦未能逃脱劫数，徐幹、陈琳、应场、刘桢四人，几乎同时病死。这样一来，在曹丕荣登太子之位前夕，建安七子之星就全部陨落了。

　　曹丕极为推重诸子之文，同时又与诸子关系非常亲密，故而诸子全部长眠于九泉之下，使得他深感悲哀。不过，因这段时间正是兄弟争位的决定性阶段，他无暇他顾，只好把感伤的情愫深藏于心底。今日大会众官，曹丕一看到太子文学郭奕、王昶、荀闳、郑冲等人，心中突然闪现出一个想法：如果徐幹、应场、刘桢等诸子依然健在，哪里轮得到这批二三流人物来做我的文学官属嘛？他这一想，便把心中的感情闸门打开了一条缝隙，压抑已久的悼亡伤逝之情，汩汩然流淌出来而难以遏止了。曹丕之所以惨然不怡，其原因即在于此。

　　一轮明月，高照着邺宫的亭阁楼台。曹丕块然独坐，凝视那从窗间流泻进来的清辉，心潮起伏，思索万千。他留恋，留恋过去众多文友济济一堂的快乐时光。南皮畅游，邺城高会，学士词宗，将军武库，良辰美景，赏心乐事，这是何等的欢畅！他感叹，感叹人生的无常。不久前还神采奕奕的友人，转眼之间即化为异物，生死永隔，邈若山河，这生命又何其短促！不过，他也感到庆幸，庆幸逝去的诸子都有粲然可观的诗文存世。这些作品，是他们人生的缩影，是他们心血的结晶。只要这些作品能够流传后代，他们的生命也就可以死而不朽了。

当天晚上，曹丕做出一个重要的决定，他要把徐幹、应场、陈琳、刘桢、阮瑀、王粲等六人的遗作，全部都搜罗起来，编成文集，留传后世，以此纪念亡故的诸位文友。于是，他将在下一阶段，将精力集中在文学事业方面，从而在中国古典文学史上，留下开创风气和光彩照人的一页。这正是：

魏王太子开风气，从此文坛说美名。

要想知道曹丕接下来的文学事业，究竟作出了怎样的贡献，取得了哪些成绩，请看下文分解。

第十二章

文采风流

建安二十三年（218 年）的上半年，在政治斗争中取得完全胜利的曹丕，把全部精力转向文学活动，并且在文学的评论和创作两个方面，都留下了足以垂称后世的光彩成就。

他之所以在这段时间专心致志于文学事业，有两个主要的原因。

从客观上说，这是政治斗争的需要，或者说是一种韬光养晦、持盈保泰的手段。每日里独坐书斋，究心文辞，寄情翰墨，这既可表示自己心境恬淡，绝对不会对老父造成抢班夺权的威胁，又可躲开许多人事的纠葛，免得惹出不必要的是非。围棋高手们在对弈之时，往往会遵守一条原则：凡在自己已经取得明显的全局优势时，就应当尽量简化局面，不要再走变化复杂的棋形，以免功败垂成。曹丕此时的作为，正与上述棋理相合。

除了客观情势的需要外，主观愿望的驱使，也是曹丕浸淫于文学的重要原因。此时的曹丕，虽然才三十二岁，人生的阅历却是相当地丰富了。他生于乱世，长于军旅，自幼随父征战四方，不知目睹了多少社会的变故和生灵的死亡。"对酒当歌，人生几何？譬如朝露，去日苦多。"如此深沉的感慨，不只是在其父曹操的胸中涌动，而且也在他的胸中涌动。生命异常短促，那么人怎样才能做到死而不朽呢？儒家经典《春秋左氏传》中，写出了一个后世称为"三不朽"的指导："太上有立德，其次有立功，其次有立言，虽久不废，此之谓不朽。"对于曹丕来说，有一个权倾天下威震四方的老父在堂，"立德"和"立功"都轮不到他的头上，唯有"立言"一途可走。曹丕原本就富于文学才情，多年间又一直与一批文坛健将相互砥砺切磋，这样一来，他自然而然就把文学创作视作立言不朽之法门。既然他对文学的社会价值产生了全新的认识，他把全身心投入其中也就不足为奇了。

在曹丕这半年间的文学活动中，第一件意义深远的事情，即是为建安诸子编定文集，并且对其文学创作进行客观公正的评价。

打从上一年的冬天起，曹丕即开始搜集和编辑徐幹、应玚、陈琳、刘桢、阮瑀、王粲六人的遗作。到了这一年的正月下旬，他已经把纂辑工作基本完成。诸子遗作，皆汇为一编，真可谓琳琅满目，珠玑粲然。在印刷术尚未发明的时代，作家谢世之后，其作品若无人及时整理成集，很容易流散亡佚，从此消失无踪。因此，曹丕此举，实在是中国文学史上一件功德无量的大好事，足以令后世那些以相互轻蔑为快乐的轻狂文人们羞煞愧煞。

上文已经提到，建安文坛共有"七子"，即上述六子之外，还有一位孔融。为何曹丕没有将他列入名单中，搜集编辑他的诗文作品呢？主要原因有二：一是当时的孔融，并非时常追随曹丕游处的友人或僚属，换言之，他与曹丕关系疏远，不属于曹丕的文学沙龙群体；二是他因触怒曹操而被诛杀，如果作为特例将他列入，为其整理遗编，从政治上考虑，也颇为不合时宜。

整理一位作家所留下的全部作品，分类编年，无异于对此作家的作品，进行了一次全面的鉴赏。而同时整理多位作家所留下的全部作品，便不能不把他们的优劣得失加以对照和分析。所以曹丕此次亲自编定诸子文集，实质上就是对诸子的文学创作进行了一番全面而深入的比较研究。深入研究的结果，自然是有许多意见要说。抒发胸臆，须觅知音。二月三日，曹丕提笔与密友吴质写了一封长信，这就是在中国文学批评史上非常著名的作品《又与吴质书》。

此时的吴质，已经调到邺城正东一百五十里处的元城县（今河北省大名县东）当县令。从朝歌县长到元城县令，属于贬谪，故而他一直郁郁不乐。曹丕自顾不暇，暂时还照顾不了吴质，不过二人常有书疏往还，嘘寒问暖，关系始终很密切。吴质长于文辞，当年又和徐幹等六人同游于公子之门，因此曹丕的满腹见解要向他倾吐。这封派专使送往元城的《又与吴质书》值得一读，全文如下：

　　二月三日丕白：岁月易得，别来行复四年。三年不见，《东山》犹叹其远，况乃过之？思何可支！虽书疏往返，未足解其劳结。
　　昔年疾疫，亲故多罹其灾。徐、应、陈、刘，一时俱逝，痛何可言邪！昔日游处，行则连舆，止则接席，何曾须臾相失？每至觞酌流行，丝竹并奏，酒酣耳热，仰而赋诗。当此之时，忽然不自知乐也。谓百年已分，可长共相保。何图数年之间，零落略尽，言之伤心！顷撰其遗文，都为一集。观其姓名，已为鬼录；追思昔游，犹在心目；而此诸子，化为粪壤，可复道哉！

观古今文人，类不护细行，鲜能以名节自立。而伟长独怀文抱质，恬淡寡欲，有箕山之志，可谓"彬彬君子"者矣。著《中论》二十余篇，成一家之言，辞义典雅，足传于后，此子为不朽矣。德琏常斐然有述作之意，其才学足以著书。美志不遂，良可痛惜。间者历览诸子之文，对之拭泪；既痛逝者，行自念也。孔璋章表殊健，微为繁富。公干有逸气，但未遒耳，其五言诗之善者，妙绝时人。元瑜书记翩翩，致足乐也。仲宣独自善于辞赋，惜其体弱，不足起其文，至于所善，古人无以远过。昔伯牙绝弦于钟期，仲尼覆醢于子路，乃痛知音之难遇，伤门人之莫逮。诸子但为未及古人，自一时之俊也。今之存者，已不逮矣。后生可畏，来者难诬，然恐吾与足下不及见也。

年行已长大，所怀万端，时有所虑，至通夜不瞑。志意何时复类昔日？已成老翁，但未白头耳！光武言"年三十余，在军中十岁，所更非一"，吾德不及之，年与之齐矣。以犬羊之质，服虎豹之文；无众星之明，假日月之光；动见瞻观，何时易乎？恐永不复得为昔日游也！少壮真当努力，年一过往，何可攀援！古人思秉烛夜游，良有以也。

顷何以自娱？颇复有所述造否？东望于邑，裁书叙心。丕白。

曹丕此信的主要内容，按照叙述的次第，是怀思旧游、评论诸子和感叹自身三大部分。历来研究中国文学批评史者，都把目光集中在评论诸子这一段上。单看此段文字，简直就是一篇完整的文学评论文章。在这里，曹丕以客观而公正的态度，对徐幹、应玚、陈琳、刘桢、阮瑀、王粲六位文学家，在著述方面的特点和长短得失，作出了允当而扼要的评价。曹丕本人即是文学大家，诗、赋、论、铭、诔，诸般文体皆精，又深知写作之甘苦。他来衡量诸子的文章，其评语自然是非常之中肯。在中国文学批评史上，以作家的身份评论同一时代的作家群体者，曹丕乃是开风气之先的第一人；身为作家，然而却能在评论同时代作家时，秉持公正爱护之态度者，曹丕也是开风气之先的第一人。

相形之下，吴质在评论诸子时所表现出来的格调就不太高了。二月八日，也就是在曹丕写信后的第五天，吴质再三斟酌，回信一封。此信的开头也是怀思旧游，结尾则是委婉地请求曹丕出手帮助自己，中间一段评论诸子文学创作时写道：

> 凡此数子，于雍容侍从，实其人也。若乃边境有虞，群下鼎沸，军书辐至，羽檄交驰，于彼诸贤，非其任也。往者孝武之世，文章为盛，若东方朔、枚皋之徒，不能持论，即阮、陈之俦也。其唯严助、寿王，与闻政事，然皆不慎其身善谋于国，卒以败亡，臣窃耻之。至于司马长卿，称疾避事，以著书为务，则徐生庶几焉。

吴质以汉武帝的一批文学侍从之臣，即东方朔、枚皋、严助、吾丘寿王、司马相如等人来作比较，说明建安诸子是如何缺乏参与军国政事的谋略才能。他所说的或许是事实，但是，曹丕的原意是在评价诸子的文学成就，而不是参与政治的才能，所以吴质之论就显得文不对题了。深究吴质之心，是想表达出自己在政事谋划上比诸子高明的言外之意，从而促使曹丕在仕途上提携自己。他知道，自己在文采风流上要逊色诸子一筹，故而避开此点而言其他，并且多少用了贬损诸子而突出自己的手法。吴质原本也是以文才见知于曹氏，而且与诸子有曩昔之好；而今涉及个人利益，便不能将心思放在仁厚之地；可见文人要如曹丕那样不染"文人相轻"之恶习，确实不是一件容易的事。

在《又与吴质书》中，曹丕还只是就少数作家的作品发表针对性很强的意见。接下来他还要更进一步，就文学这一个大题目阐述自己系统的意见，也就是申明和展示他完整的文学观。在这一方面，他所留下的重要文章有两篇：一篇是《与大理王朗书》，另一篇是《典论·论文》。

王朗，字景兴，乃徐州东海郡郯县（今山东郯城县北）人氏，时任魏王国的大理，也就是高等法院院长。其人长于著述，又与曹丕关系极好，所以曹丕要向他阐述自己的文学观，也就是后世所谓的"琴逢知己抚，诗向会人吟"之意。只可惜《与大理王朗书》已经残缺，难窥全豹，流传于今者仅如下一段：

　　人有七尺之形，死唯一棺之土，唯立德扬名，可以不朽，其次莫如著篇籍。疫疠数起，士人凋落，余独何人，能全其寿？

　　上列文字，强调了撰著篇籍的重要性。此处的"篇籍"，包括偏重于思想性的"论"和偏重于艺术性的"诗""赋"等著作，大体相当于今日的思想论著与文学作品。把文学作品的重要性提高到可以扬名不朽的程度，在曹丕所处的时代，算得上是一种孤明先发的创新性见解了。且不说此前之人对文学作品如何意存轻视，就是曹丕那位才高八斗的老弟曹植，也都瞧不起写作文章之事，他在《与杨德祖书》中这样说：

　　辞赋小道，固未足以揄扬大义、彰示来世也。昔扬子云，先朝执戟之臣耳，犹称"壮夫不为"也。吾虽薄德，位为藩侯，犹庶几戮力上国，流惠下民，建永世之业，留金石之功，岂徒以翰墨为勋绩，辞赋为君子哉？

　　曹植认为，辞赋之类的文学作品，只能算是"小道"，即现今所说的小玩意儿，不是甚么了不起的大事业；他认为的大事业又是什么呢？是在政治和军事上建功立业，留名后世。曹丕和曹植是同胞兄弟，又同为文学大家，两人对文学的社会功用，看法竟然相差如此巨大，确实令人惊讶。曹植的文学观，可以说是未能突破汉代重儒经、轻文学的传统藩篱。他所提到的扬子云，即扬雄，是西汉时期擅长撰写辞赋的大文学家，却认为撰写辞赋完全属于"壮夫不为"，即雄壮男儿不愿意做的小玩意儿。曹植的观点，显然就是沿袭扬雄而来。但是，曹丕却能够不迷信古人，而是独立思考，提出自己的创新性见解。他在《典论·论文》中，更进一步从多方面来阐述其文学理论。

《典论》是曹丕的一部论文专集，凡五卷，由多篇论文组成。从现存的一些篇章内容来看，作者所论，不外乎政治与文化两大类问题。曹丕荣登太子之位后，一方面吟诗作赋，抒发性灵；另一方面又撰写《典论》，评说古今。《论文》一篇，即是《典论》中关于文学的专论，也是中国古典文学史上里程碑式的著作。

曹丕在《典论·论文》中，再一次强调了"文章"，也就是"篇籍"的重要社会功用，他说：

盖文章经国之大业，不朽之盛事。年寿有时

而尽，荣乐止乎其身，二者必至之常期，未若文章之无穷。是以古之作者，寄身于翰墨，见意于篇籍，不假良史之辞，不托飞驰之势，而声名自传于后。故西伯幽而演《易》，周旦显而制《礼》，不以隐约而弗务，不以康乐而加思。夫然，则古人贱尺璧而重寸阴，惧乎时之过已。而人多不强力，贫贱则慑于饥寒，富贵则流于逸乐，遂营目前之务，而遗千载之功。日月逝于上，体貌衰于下，忽然与万物迁化，斯志士之大痛也！

此段文字论述文章的重要性，比起《与大理王朗书》中所说的意见来，还要更加透辟酣畅得多。尤其值得注意者，是开头"盖文章经国之大业"这一句。此前曹丕论述文章的社会价值，都只限于可致个人声名于不朽。而今他进而认为，文章有定国安邦之功用，这样就把文章置于与儒家经典同等重要的位置上了。自从汉武帝罢黜百家、独尊儒术以来的三百年间，文章一直是儒家经学的附庸。曹丕此论一开，便预示着文章必然脱离经学，附庸将会蔚为大国了。

曹丕在《典论·论文》中还提出了"文气"的问题，这是古往今来最早论述文气之发端，他写道：

> 文以气为主，气之清浊有体，不可力强而致。
> 譬诸音乐，曲度虽均，节奏同检，至于引气不齐，
> 巧拙有素，虽在父兄，不能以移子弟。

此处的"气"，应当是指作者自身在文学方面的才气。才气的清浊高下，很大程度上与作者先天的资质、性格和志趣相关，所以不可能通过后天的学习来获得或改变。有什么样的才气，就有什么样的文章。曹丕的文气论，是有一定道理的。后世常有"文如其人""字如其人"之说，正与他所阐述的道理暗中吻合。

在《典论·论文》中，曹丕又对当时各种类型文体的特点，提出自己的看法，他认为：

> 夫文，本同而末异：盖奏议宜雅，书论宜理，
> 铭诔尚实，诗赋欲丽。此四科不同，故能之者偏
> 也；唯通才能备其体。

曹丕把当时的文章分为奏议、书论、铭诔、诗赋四种文体，并对不同体裁的特点加以论述，或者说针对不同的文体提出相应的写作要求。在这一方面，曹丕又是"导清源于前"

的第一人。西晋的陆机则"振芳尘于后",在其名作《文赋》中更有"十体"之说,于后世之文论影响极大。然而陆机的"十体",即由曹丕的"四体"发展而来。尤可注意者,是曹丕提出的"诗赋欲丽"的主张。此处的"丽",着重是指辞采的华丽,也就是作品外在的艺术性或艺术感染力。此前论述文学的人士,只是说写赋的时候要注意华丽,例如扬雄《法言》即认为:"诗人之赋丽以则,辞人之赋丽以淫。"至于诗歌,汉代论者一直遵奉了据说是孔夫子所提出的"温柔敦厚"之旨。而今曹丕一反常规,主张诗和赋都必须具有华美的辞采,这就标志着文学家自觉追求作品艺术性的时代已经到来。自此之后,文风渐趋绮丽,到了六朝时更达到花团锦簇炫人眼目的程度。所以后世的论者认为:曹丕其人,乃是"为艺术而艺术"一派的开山祖师爷。

曹丕的《典论·论文》,还率先讨论了文德的问题。他鄙视"文人相轻"这一"自古而然"的恶习,对建安七子相互推重的高尚品德给予高度的评价,他说:

今之文人,鲁国孔融文举、广陵陈琳孔璋、山阳王粲仲宣、北海徐幹伟长、陈留阮瑀元瑜、汝南应玚德琏、东平刘桢公幹,斯七子者,于学无所遗，于辞无所假，咸以自骋骐骥于千里，仰齐足而并驰。以此相服，亦良难矣。盖君子审己以度人，故能免于斯累。

在这里，曹丕实际上是把文坛风气与文学发展的密切关系，率先向世人揭示出来。建安时期的文学，之所以能够呈现出异彩奇光，与建安文坛的良好风气是分不开的。诸子虽然各有所长，却能够彼此钦服，不是把笔力和精力用在相互嘲笑和攻击的内部消耗之上。处于这样一种和谐友好的气氛之中，作家们不仅可以保持一种奋进争先的创作热情，可以相互学习和切磋，而且还免除了大量精力和时间的无谓浪费，如此一来，文学焉有不发展繁荣之理呢？

总而言之，《典论·论文》是曹丕精心结撰之作。此文一出，曹丕在中国古典文学批评史上的先驱者地位，就完全奠定了。

在这段时间内，曹丕在文学创作方面也获得了丰收，共撰写诗、赋一百余篇，真可谓洋洋清绮，文采风流。可惜这样自得其乐的悠闲日子不久便告一段落。七月间，益州的刘备大举北进，汉中郡（治所在今陕西省汉中市）形势危急。曹操亲提大军西上长安救援，留守后方的重任重新又落在曹

图1　魏文帝曹丕像（唐阎立本《历代帝王图》）

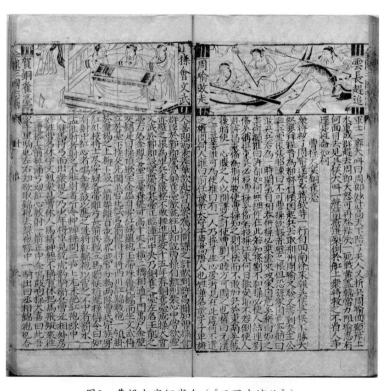

图2　曹操大宴铜雀台（《三国志演义》）

图3　曹丕乘乱纳甄氏（金协中绘）

图4　曹丕废帝篡炎刘（金协中绘）

图5　曹子建七步成诗（《三国志像》）

图6　汉代薅秧农作画像砖

图7 汉代宴饮画像砖

图8　汉代弋射收获画像砖

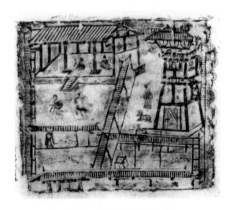

图9　汉代庭院画像

丕的身上。于是，曹丕只得把他那畅游于八极万仞之心收束回来，以便应付眼前繁重而琐碎的公务。这正是：

放下文章回现实，又担重任镇都城。

要想知道曹丕此番重新留守后方，又会碰到何种突发性的重大事件，他将如何应对，请看下文分解。

第十三章
魏都平叛

　　曹操西上长安，曹丕留守邺城。接手视事之后，曹丕立即感到，此次留守的任务要比以往繁重得多。

　　首先，他必须保障西进大军的后勤供应，这是不消说的。与此同时，北面幽州的代郡（治所在今山西省阳高县），正发生激烈的战事；曹丕的弟弟曹彰，又率领铁骑兵团，扫荡塞外乌桓族的武装反抗。这两处军队所需的粮秣、军器等一应物资，也要由他负责调运。如此一来，已经使他劳形于案牍之中，更何况还有另外一件重要大事等着他办理呢。

重要大事，是给他的老父亲曹操，具体规划一块闭目长眠的风水宝地。中国古代的帝王，似乎都有视死如归的气概，只要条件允许，照例是在生前就早早把自己的陵墓修好，单等眼睛一闭就躺将进去。秦皇、汉武，莫不如此；魏王曹操，也未能免俗。在曹操西去长安的前一个月，他就下达了如下一道关于自己未来墓地选择的明确指令：

> 古之葬者，必居瘠薄之地。其规西门豹祠西原上为寿陵，因高为基，不封不树。《周礼》冢人掌公墓之地，凡诸侯居左、右以前，卿大夫居后，汉制亦谓之"陪陵"。其公卿大臣、列将有功者，宜陪寿陵，其广为兆域，使足相容。

指令的内容要点有三：一是墓地的选址，具体位置是在邺城的郊外，西门豹神祠西面的"原上"。当时所谓的"原"，乃高而平坦之地。二是陵墓的建造要求，是借助高地作为基础，上面不起坟堆，不栽树木，入葬之后地表完全保持原样。用意是不露墓穴的痕迹，防止盗墓。三是墓园的周围，要预留出来大片陪葬的地域。

这西门豹是何许人也？他本是战国时魏文侯手下的能

臣。西门豹受命为邺城长官，他到任后就宣布废除以活人来祭祀河伯的陋俗，又引漳水灌溉田园，使得邺城地区风俗纯正，经济发展。他死之后，当地百姓在城西的石鼓山麓立祠纪念，岁时伏腊，前来瞻拜者不绝于途，长久不衰。司马迁的《史记》，形容这位推行法治的人物是"名闻天下，泽流后世，无绝已时"。曹操崛起于群雄之中，在政治上也是奉行先秦法家的理论，故而对于"民不敢欺"的西门豹先贤是心向往之，以至于愿在死后与之做邻居。曹操发布命令后，随即西上，这一规划营建寿陵的重任，当然又落在曹丕的肩头。每隔三五日，他都要挤出时间驰往西郊察看施工情况。当他带着满身尘土回转府邸之时，他觉得从来还没有如此劳累过。好在他自幼习武，体气强健，不然早就被繁重的公务拖垮了。

就在曹丕身心俱疲之际，一场潜伏的危险正无声无息地向他袭来。

曹操挟天子以令诸侯，专擅汉室朝政，威福自专。公卿百官，纷纷向他表忠心，献诚意，愿为之尽犬马之劳。但是，也还有一些忠于汉室之士，不惜置身家性命于不顾，密谋袭杀曹氏，以便使"社稷危而复安，日月幽而复明"。

建安五年（200年），车骑将军董承、左将军刘备、长水校尉种辑、议郎吴硕、将军王服等人，共谋起事于许都（今河南省许昌市），不幸事泄，除刘备一人先行逃脱外，其余诸人皆被诛灭三族。当时的"三族"，准确而言是父母、妻室儿女、同胞兄弟姊妹这三类亲属群体。诛灭三族算是最为严厉的刑罚了。

建安二十三年（218年），也就是曹丕重新担任邺城留守这一年的正月间，许都再次发生反曹的武装行动。汉朝的太医令吉本、少府卿耿纪，与丞相府司直韦晃等人，率领千余人夜袭忠于曹操的驻军，并一度占领许都的北城。事败，曹操不仅尽杀吉本、耿纪、韦晃三人及其家族，而且处死一大批有参加武装行动嫌疑的官员。此次事变过后才一年多，又有一批不怕死的人开始策划反曹行动。他们打算在曹操西上长安远离后方之际，组织一支精兵奇袭邺城，先把曹丕等一班官员送上西天，然后拥护汉帝声讨曹操。这场反曹行动的发起者，乃是魏王国相国府中的一位干员，其姓名叫作魏讽。

魏讽，字子京，兖州济阴郡（治所在今山东省菏泽市定陶区）人氏。其人口才出类拔萃，言谈举止大有战国时代的说客策士之风。他到达邺城不久，即以其三寸不烂之舌，倾动魏国都城。魏国的相国锺繇，非常赏识魏讽的才干，马上任命他为相国府的西曹掾。当时，魏国的相国一职，高居魏王国百官之首席，其地位相当于曹操在汉朝所任的丞相。而西曹掾主管相国府内官吏的人事选授，是相国的左膀右臂。才干过人的魏讽得到如此重要的职位，真好比猛虎添翼，如鱼得水。于是，他开始在士大夫集团中物色合适的对象，准备组成一支倒曹扶汉的别动队，以便在时机成熟时做出一番能够留名青史的大事来。

魏讽此人是相当有头脑的。他知道，现任的朝廷要员大多年事已高，他们一心想保住既得的荣华富贵，不可能参加自己策划的这场政治赌博，所以他就把功夫下在士大夫集团中那些不甚得志的少壮派人物身上。先后与魏讽结成同心者，有已故破羌将军张绣的公子张泉，黄门侍郎刘廙的弟弟刘伟，将军文稷的公子文钦，长乐宫卫尉陈祎，以及已故侍中王粲的两位公子等多人。这些少壮派都是喜欢冒险的角色，他们抱成一团之后，立即在暗中组织人力，购置武器，单等火候一到就闹他个天翻地覆。由于他们行踪诡秘，举止谨慎，所以负责邺城治安保卫的官员完全没有察觉到这一切，至于被公务弄得头昏脑涨的曹丕就更不用说了。

建安二十四年（219年）九月初，魏讽等人认为起事的时机已经成熟，决定马上动手。具体的时间定在九月初九日的夜晚。这一天是重阳佳节，举行酒宴欢乐聚会的日子，曹丕将在当天晚上设宴慰劳各位下属。若在夜静更深酒酣人醉之际发动突然袭击，必可一举成功。魏讽正在为自己的周详计划暗暗得意，不曾想身边有一个胆小鬼跑到留守府署去告了密。曹丕的脑袋保住了，魏讽等人的脑袋却因此搬了家。

这个告密者是谁？就是长乐宫卫尉陈祎。

按照东汉朝廷的规矩，皇帝的祖母，也就是所谓的"太皇太后"，她所专有的正式礼仪称谓乃是"长信宫"。皇帝的母亲，也就是所谓的"皇太后"，她所专有的正式礼仪称谓乃是"长乐宫"。长信宫和长乐宫都配有专门的一套官员。其中，掌管御前警卫者为卫尉，掌管御用车马者为太仆，掌管御用杂物者为少府。卫尉、太仆和少府，总称作"长信三卿"或"长乐三卿"。这陈祎长期担任长乐宫的卫尉，略知武事。他总觉得纠合千把人的队伍，去突袭警卫森严的留守府署，把握实在不大。然而魏讽却坚持认为可操胜算，不容推迟行动。陈祎思前想后，越想越怕，终于把心一横，连夜奔往留守府署去坦白自首。

其时已在子丑之交的半夜，新月如钩，夜凉如水。正在睡梦乡中的曹丕被侍从唤醒。立时披衣下床，吩咐在议事厅传见陈祎。当他听完陈祎的叙述后，心中大为震惊，他根本没有料想到有人竟敢在魏国的心脏地区作乱。不过，好在他素常性格沉稳，每临大事有静气，加之近数年来又历经政治风浪，处事愈发老练，所以内心虽然震惊，外表却镇静如常。他略一思忖，然后以平和的口气问道："陈祎，你所说的一切都是事实么？"

跪在地上的陈祎，如同捣蒜一般磕头，口中说道："罪臣如有半句虚言，愿受极刑惩处！"

曹丕听了，挥手让卫兵把陈祎押送出去，接着吩咐一名心腹侍从去请有关大员来府署参加紧急会议。那侍从刚走出议事厅门，曹丕忽然又把他叫了回来。这时，曹丕已经离座下堂。他缓步沉思一刻，复对侍从下达命令道："速去王宫卫队驻地，命令卫队长立刻率三百铁骑来此候命！"

侍从应声跑步而去，回过头来曹丕又命令侍卫长集合留守府的全体警卫马队。不到半个时辰，魏王曹操王宫与曹丕留守府署的五百铁甲精骑，已经驰出留守府署，如旋风一般掠过空旷的大街。为首一员将军，全身戎装，斜佩宝剑，胯下骑一匹纯白色的塞北骏马。在他的身后，五百骑兵箭上弦，刀出鞘，真正是威风凛凛，杀气腾腾。这员将领不是别人，正是魏王太子、五官中郎将兼邺城留守曹丕。

按照曹丕最初的想法，是要请有关大员来紧急会商之后再派兵逮捕魏讽等人。但是他转念一想，如此按部就班式的处置，不仅过于迟缓，而且极易走漏风声；变生肘腋之际，谁先下手谁就是赢家。于是，他决定亲自出马，立即行动，先把策划反叛阴谋的骨干分子抓起来再说。另外，文武兼长的曹丕，这段时间一直在和纸墨笔砚打交道，心里不免有些烦闷。他很想从刀光剑影之中寻求一点新刺激，所以亲任指挥，直扑魏讽等人的住宅。

搜捕行动进行得十分顺利神速。天明时分，数十名秘密参加反曹集团的人员已全部落网。曹丕放下心来，回府小睡一刻，之后立即召集有关大员来府议事。

应召前来的大员都是曹操魏王王国的属官，其重要人物有相国锺繇、御史大夫华歆、大理王朗、中尉杨俊等。曹丕召集众官的目的，除了通报情况外，主要是想在如何处置反叛分子一事上取得一致的意见。曹丕个人的想法是"先斩后奏"，即马上审判处决，然后再向远在千里之外的曹操报告。这样做的好处，是完全堵死了魏讽余党卷土重来的企图。但是，"先斩后奏"会不会受到父王的斥责呢？曹丕没有把握，所以他想从衮衮诸公那里得到指引和支持。

曹丕一五一十把事情前后经过一说，在座诸人莫不大吃一惊。他们没有想到魏讽竟然敢下这么大的赌注，更没有想到太子应变是如此的果断。震惊之余，他们都害怕"先奏后斩"会拖延时日，引起不必要的风波，于是纷纷支持曹丕

"先斩后奏"的主张。意见既已统一，曹丕当场请负责刑狱案件的大理王朗，立即接收案犯，从速审判。王朗领命退去，会议随之结束。

就在众人相继告退之际，曹丕向相国锺繇示意，要他缓走一步。待到诸公全部离开，曹丕才走近锺繇，说了一句意味深长的话："钟公此番不免要受一些牵连。但是，我将尽力相助，望公勿忧！"

锺繇一听，顿时感激得老泪盈眶。要知道此次领头反曹的魏讽，乃是他相国府的僚属；而当初委魏讽以重任者，也是他锺繇。若要追究责任，搞不好他会有一场血光之灾。所以从会议一开始，锺繇就如坐针毡，尴尬非常。不过，这锺繇自来就是拥护曹操集团中的主要成员，而且与曹丕的关系也十分亲密。因此，曹丕有心要替锺繇减轻责任。接着二人又密谈一阵，锺繇才再三拜谢而去。

三天之后，大理王朗已把一干人犯审判完毕，并将案卷呈送留守府，请曹丕核准。曹丕一看参加密谋的人员全部被判处死刑，不由得点了点头。但是，当他的目光落在王粲两位公子的案卷上时，心中忽有所动，手中那一支决定犯人生死的笔，竟然半天落不下来。

往事在他眼前一幕又一幕地闪现。他和王粲等人饮酒、赏月、吟诗、作赋，情景历历如昨。最难忘者，是前年春天王粲死亡时的惨状。当时正是东征孙权后的回军途中，王粲忽然染上时疫，也就是现今所说的流行性传染病，医药缺乏不说，就连静心休息也办不到。结果不过旬月，王粲即耗尽元气而死。临终之前，形销骨立的王粲，直盯盯地望着曹丕，似乎有什么话要说而又说不出。曹丕悲痛莫名，曾一直把王粲的遗体，送到其家乡山阳郡高平县（今山东省金乡县东北）。临葬之际，曹丕对在场的王粲亲朋说道："仲宣生前最喜欢听驴鸣，今当永别，我们各作驴鸣一声送他罢。"于是曹丕率先叫了第一声，叫声未绝而泪如雨下，试想这是何等深厚的情分！而今，曹丕要亲手批准，把王粲仅有的两个儿子送上断头台，你说他这支笔如何点得下去？可是，如果法外施恩，饶此二人不死，其他的案犯又怎么办？犹豫再三，曹丕长叹一声，咬着牙落笔写了四个字："按律处决。"

次日，邺城西郊漳河边的荒草丛中，一字排开倒下数十具无头尸体，满地殷红。与此同时，曹丕派出的专使正渡过黄河，兼程西上。不出十日，使者抵达长安，把曹丕的紧急报告送到了曹操的案前。

要是在往常，曹操对曹丕"先斩后奏"的擅权行为，是会火冒三丈的。可是这一次却不然，曹操看完报告，非常赞赏曹丕干净利落的处置。唯一令他感到遗憾者，是把王粲的两个儿子都处死了，致使王家断绝了香火。所以他长叹一声说道："孤若在邺城，不会让仲宣没有后人啊！"

曹操这一次容忍儿子的"先斩后奏"是有原因的。自从西上关中以来，他在军事上就很不顺手。年初，镇守西陲的大将夏侯渊，被刘备部将黄忠斩杀于阳平关（今陕西省勉县西），曹操被迫放弃了汉中这一大片战略要地。八月间，也就是上一个月，刘备的大将关羽又从荆州向北发起攻势，在襄阳的樊城（今湖北省襄阳市樊城区）一带水淹曹军，威震华夏，逼得曹操起了把汉献帝迁出许都的念头。在这种情况下，曹操最为担心的就是后院起火。如今魏讽等人胆敢放火，曹操巴不得把他们早早送上西天，至于儿子是否擅权就无须计较了。

由于曹丕的尽力开脱，曹操对于误用魏讽的锺繇，仅给了一个免除职务的处分。天下的事真不可一概而论，锺繇与魏讽有关系，只受到免职的处分；另外一个与魏讽毫无关系的要员，却因此次事件而丢了性命。这个倒霉的人是谁？就是大名鼎鼎的杨修。

杨修其人才思之敏捷，当时罕有其匹。他多才而又喜欢露才，在这方面留下的趣闻轶事不少。后世人们最为熟悉者，即是"鸡肋"的故事。曹操与刘备争夺汉中，刘备凭高守险，避不与战。曹操进不能进，退又不忍放弃汉中这一军事要津，正犹豫间，部将前来请示夜间军中盘查时需要核对身份的口令，他顺口即说出"鸡肋"二字。随从出征的杨修，一听口令为"鸡肋"，马上要有关人员作好撤军的准备。随后曹操果然下令放弃汉中，撤回长安。人们纷纷问杨修何以有先见之明？杨修得意地说道："鸡肋者，食之无肉，弃之又可惜，以此比喻汉中，大王当然是想撤军了！"

根据这些轶事，人们很自然地得出结论：曹操诛杀杨修的原因是忌才。可惜的是，上述结论并不确切。

历史上真实的曹操，倒是一个非常爱才的人，证据就是他曾不止一次下达征求人才的指令。为了把有才之士网罗到自己的麾下，他还打破了汉代数百年间取士以品行为先的旧传统，率先提出了"唯才是举"的新口号。他明确宣布：只要有才，哪怕你曾经"盗嫂受金"，也就是与嫂子私通，或者受人贿赂，他都毫不在意，一律欢迎。实际上，曹操之所以能芟夷群雄统一北方，一个主要的原因就是他善于网罗和任用人才。曹操既然求才若渴，那么把杨修之死单纯归结于曹操忌才就说不通了。其实，杨修之死，自有其深层次的社会政治背景，而直接的起因，就是这一场魏讽事件。

魏讽事件使曹操深刻地认识到这样一个客观事实：即便是曹魏取汉朝而代之已经成为必然之势，仍然有人敢起扶汉反曹之心。为了防患于未然，有必要彻底清除危险分子。而最具危险性的分子，条件有二：首先，一贯具有扶汉反曹的倾向；其次，属于具有号召能力和组织能力的人物。曹操心里这样一琢磨衡量，想起的第一个人就是杨修。

杨修，字德祖，乃弘农郡华阴县（今陕西省华阴市）人氏。这弘农杨氏，不仅是东汉后期第一流的名门世家，与袁绍出身的袁氏家族，并称为"东京袁杨"，而且世代都是汉朝的忠臣。杨修的高祖杨震，曾祖杨秉，祖父杨赐，都是不惜牺牲身家性命，敢与宦官势力坚决斗争，以扶持汉室的铮铮硬汉。至于杨修的父亲杨彪，早年为官即敢于揭发宦官们的贪赃枉法行为。身为"赘阉遗丑"的宦官后代曹操，凭借武力把汉献帝挟持到许县时，朝廷大员中唯有杨彪一人，公开表示极度愤慨。史称当时有一次公卿聚会，曹操上殿见杨彪满面怒色，生怕这位一贯与宦官作对的杨彪要谋算自己，赶忙托词上厕所溜之乎也。此后曹操一再起心杀杨彪，都因对方声名太大而下不了手。而杨彪见汉朝气运将终，遂称病十年，足不出户，以示不屈于曹氏。简而言之，弘农杨氏乃是东汉士大夫清流集团的代表，与曹操这位宦官的后代坚决不肯同流合污。杨修出自如此的家庭，这一贯具有扶汉反曹倾向的条件还不够格么？

不幸的是，第二个条件，即富于号召能力和组织能力的人物，杨修也完全够格。他思维敏捷，才干过人，同僚莫不佩服。加之他又不甘于寂寞，在政界的活动非常积极频繁，这方面的条件也就具备了。两方面条件都具备，再加上魏讽事件的直接催化作用，杨修自然就死定了。

九月底，曹操在长安下达手令：处死丞相府的主簿杨修。聪明过人的杨修临终前说了一句意味深长的话："我认为自己已经死得太晚了！"这正是：

儿子屠刀诛魏讽，老爹利刃杀杨修。

要想知道曹丕此番平定邺城叛乱之后，又将会遇上何等大悲大喜之事，请看下文分解。

第十四章

继位称王

　　曹丕发生大悲大喜的具体时间，是在建安二十五年（220年）正月的下旬。悲的是老父亲曹操，突然病死在回军的途中；喜的是"多年媳妇熬成婆"，他这个作为储君的太子，终于继承了父亲的权位，修成了正果。

　　尽管曹丕是名正言顺的王位继承人，但是他继位的经过却并不平顺。为何这样说呢？且听一一道来。

　　上一年的五月间，曹操主动放弃汉中，退回长安。他在长安逗留到十月间，又起程东归抵达洛阳，关中地区则交给骁勇善战的次子曹彰去镇守。曹操抵达洛阳之际，正是关羽水淹七军威震华夏之时。洛阳是敌军兵锋所指，距两军激战的襄樊前线不过八百里，所以曹操不敢轻易离开。他在洛阳坐镇指挥，南援襄樊，直到这年的年底，孙权出动大军袭杀关羽夺取了荆州，曹操才算松了一口大气。

正月开春时节，孙权的特使把关羽的头颅送到洛阳。曹操看着这位老朋友兼新对手那熟悉的遗容，心中不禁涌起几丝悲戚，他吩咐下属以诸侯的礼仪，埋葬关羽头颅于洛阳南郊。关羽墓地至今尚存，远望万木参天，气象肃穆，故而当地人称之为"关林"，是著名的三国名胜古迹之一。

葬罢关羽不久，曹操突然感染重病，卧床不起。数日当中，病势就急剧恶化。弥留之际，他口述了两道遗令。一道遗令是有关后事的处理，另一道遗令则是急召镇守长安的曹彰前来洛阳。

此时此刻为什么要急召曹彰，而不是急召曹丕来洛阳呢？曹操没有说明意图，或许是来不及说。不过我们可以肯定，曹操叫曹彰来到面前，绝对不是想把王位传给他，因为正式的太子是曹丕，如果突然改弦更张，势必引起一场大混乱。估计曹操的想法，是想让曹彰来统摄东归的大军。此时曹植虽然在他身边，但是文质彬彬且又不拘小节的曹植，哪里驾驭得住数以万计的骄兵悍将？确凿的证据就是，几个月前曹植曾经受命从洛阳率军驰援襄樊，临行之际竟然酗酒，醉得一塌糊涂而不能发号施令，使得曹操对自己的决定后悔不已。从邺城急召太子曹丕来洛阳，当然也可以稳定军心，但是邺城新近才发生了魏讽造反的重大事件，曹丕离开之后，万一有人卷土重来，岂不动摇了大魏的根本？当然，以上只是我们的合理推测而已，究竟曹操心中是否作如是想，已经不得而知了。

由于曹操没有明确交代急召曹彰前来的意图何在，结果差一点让曹丕丢掉魏王的王冠。

曹操之死，事出突然，所以他的眼睛刚刚闭上，他的统帅部之中，就开始出现骚动。有人认为，应当效仿当年秦始皇死于巡游途中时，丞相李斯所用的应急举措，秘不发丧，封锁消息，以免发生动荡。有人又建议，马上撤换重要地区的军政长官，全都换成魏王的家乡人。群僚七嘴八舌，各说意见，主意越出越多，越多越乱。眼见得魏王的统帅部就有瘫痪的危险，幸好有一位识见超卓而做事果断的角色站出来维持，才算勉强控制住局面，他就是曹操的得力助手谏议大夫贾逵。

贾逵，字梁道，乃司隶校尉部河东郡襄陵县（今山西省临汾市东南）人氏。其人是一个文武全才，所以曹操把他请到身边，专门负责军事计划的制订。他坚决反对秘不发丧的办法，认为事到如今已无密可保，还不如正大光明地把魏王归天的消息向外公布。于是他自告奋勇，主持丧事，同时安抚各营将士，派遣急使通报太子，军中的骚动渐渐平息下来。

十天之后，当时礼制所规定的一大套丧礼程序，包括哭临、小敛、大敛等，终于顺利结束。贾逵与文武百官，正要起程护送魏王的梓宫，也就是灵柩，回转邺城安葬，魏王生前召唤来的鄢陵侯曹彰，就从长安赶到了。八百里风尘，使他一身素服变成了土黄色。他顾不得沐浴更衣，下马之后径直来到亡父灵前，伏地痛哭，惹得护灵的官员们又陪他流了不少的眼泪。致哀完毕，曹彰站起身来环顾诸公，说了一句令人震惊的话："先王的玺绶现今在何处？"

所谓"玺绶"，就是印章。汉代称天子与诸侯王的印章为"玺"，诸侯王以下官员的印章为"印"。印章之上有纽，系以不同颜色的丝带，这叫作"绶"。东汉光武帝登基时规定：天子用白玉玺、黄赤绶，诸侯王用金玺、縹绶，三公用金印、紫绶，九卿等用银印、青绶，九卿以下官员视品级高低，用铜印、黑绶或铜印、黄绶。曹操作为魏王，按照常规是用金玺、縹绶。但是在两年前，汉献帝已经公开下达诏命，赐予曹操享用天子御用物品的特权，包括旌旗、冠冕、专车等，全都与天子的规格完全相同。在此情况下，曹操的印章，也应当是享用白玉玺、黄赤绶了。这玺绶乃帝王威权的象征物，追问先王的玺绶何在，意思非常清楚，就是要接管魏王的权力。所以曹二公子这一问当场问得衮衮诸公目瞪口呆。

在此关键时刻，还是贾逵方寸不乱。他改容正色，对曹彰说道："太子现今就在邺城，魏国早有储君。这先王的玺绶，不是君侯所应该问的！"

贾逵的话义正词严，倒把曹彰弄得无言以对。在场诸公之中，大多数人都是曹丕昔日着意争取的对象，这时也纷纷帮贾逵说话。曹彰讨个没趣，便气冲冲地去找老弟曹植商量。兄弟相见，又抱头痛哭一番，然后曹彰说道："先王生前急召我来洛阳，意思非常明白，就是要立你为继承人，让我以武力支持你。如今诸大臣不遵先王之意，我有心采取断然的手段，你看如何？"

曹植倒还没有丧失理智，他立即劝阻曹彰道："此事万万不可！兄长难道忘记了袁氏兄弟相争而招致灭亡的前车之鉴了吗？"

曹植的坚决态度，使蠢蠢欲动的曹彰泄了气。一场政治危机，暂时消失于无形之中。于是兄弟二人随同文武百官，扶送曹操的灵柩回转邺城。一路之上，天低云暗，风急雪飞，这情景也无须细说。

再看邺城这方面，同样也乱哄哄地骚动了一阵子。从洛阳指挥部来报凶信的专使，三天之内疾驰七百余里，抵达邺城留守府邸。碰巧此刻曹丕正大会群僚，商议政务。魏王崩殂的消息一传开，这会场的秩序登时就乱了。

宣布消息的曹丕首先痛哭失声，片刻工夫已成泪人儿一个。他是曹操的亲生儿子，骨肉之情使他忍不住要哭；他是魏王的太子，继承人的地位使他必须要哭；他正在以"德"争取朝臣的支持，政治斗争的需要更令他不得不哭。于是乎他大哭特哭，哭得捶胸顿脚，哭得死去活来。原本是正襟危坐的大员们，也赶忙起立并大放悲声。人们三个一团，五个一堆，相互比赛着谁的声音高，谁的泪水足，仿佛此刻哭就是目的，哭就是一切。

此时此刻，幸好又有一位头脑冷静而做事果决的角色，站出来收拾局面，他就是太子中庶子司马孚。

司马孚，字叔达，司隶校尉部河内郡温县（今河南省温县西）人氏。河内郡的司马氏是一个有名的儒学大族。司马孚弟兄八人，他是老三。其二哥即是后来专擅魏室朝政的司马懿。司马孚一生忠于曹魏，如他自己所言是"大魏之纯臣"。只见他疾步走到议事厅的正中，厉声言道："方今先王谢世，天下震动，应当早拜嗣君，以安定邦国。在座诸公难道就只会痛哭流涕吗！"

在场的群臣闻言，无不自觉惭愧，那嘤嘤哭声渐渐消歇下来。可是，在臣僚均已收泪息声之后，曹丕却仍然啼泣不休。司马孚心内着急，遂上前劝阻道："先王晏驾，殿下便是天下百姓的依靠。上为宗庙，下为邦国，殿下应立即准备继承王位，怎么能仿效平民百姓家中孝子的举止呢？"

曹丕大概也哭够了，于是顺势下台收场。受曹丕委托，司马孚立即领头承办各项急务。他首先加强了魏宫内外的警卫，严防不测事件发生。接下来是治办丧事，作好迎接和安葬曹操灵柩的一切准备工作。与此同时，他又召集文武要员，商量太子继承权位的事宜。

就当时的政治格局而论，远在许都的东汉皇室虽然毫无实权，然而其天子的名分仍在魏王之上。因此，有一些迂腐的大老就在会上提出：应当等候许都天子诏命到达之后，太子的登位仪式方能进行。主持会议的司马孚正要反驳，不料旁侧有一人已经先开了口，说道："先王在外归天，天下臣民无不惶恐。太子宜从速即位，岂可坐等诏命？今先王其他爱子随军在外，如若迟疑，万一生变则社稷危如累卵了！"

司马孚一听声音，就知道说话者是尚书陈矫。陈矫，字季弼，徐州广陵郡东阳县（今江苏省金湖县西南）人氏，也是一位精明干练的人物。他的话音刚落，马上就有多人发言表示支持。于是乎，坐等天子诏书的意见被否决，大家议定：以先王卞氏王后的名义下达策书，命令太子速登王位。会商完毕，司马孚等人匆匆入宫晋见卞氏王后，陈述一切。

这王后卞氏，也就是曹丕的生母，是一个深明事理的女性。她虽然也疼爱第三子曹植，然而在此关键时刻，却是完全赞同朝廷群公的建议。卞后既已首肯批准，司马孚等人立即去筹备太子继位仪式所需的一切，并在一天之内备办妥当。次日凌晨，曹丕面对文武百官，在魏宫之正殿文昌殿，正式登上王位。同时，尊称卞氏为王太后，宣布大赦。待到汉献帝的特使赶到邺城宣读诏书，任命曹丕为汉朝丞相、魏王和冀州牧时，曹丕已经称孤道寡好多天了。

新魏王登位之后数日，老魏王的梓宫即灵柩运抵邺城。身着素服的曹丕，首先以丧主的身份，迎接父亲遗体入宫，安放在文昌前殿的灵堂，并依礼致哀。接下来他又以魏王的身份，在文昌殿以东的听政殿，接见西征归来的文武官员。曹丕对众人慰勉有加，众人对新主感激涕零，场面着实感动人心。然而在热烈的气氛之中，有一人始终面色阴沉，表情冷漠。此人非他，即是新魏王的二弟曹彰。

　　此刻的曹彰真是一肚皮的气。他心想，当初我们的地位相同，彼此相见时礼节非常随便。如今可好，变成君臣关系了，一见面须跪拜如仪，谈话时又言必称臣，真是可恼！你凭什么摆谱拿架子？论文章你比不过子建老弟，论打仗你又不如我曹彰，还不是靠一批心腹帮忙，下手抢得快占了便宜么？

　　曹彰在一旁生闷气，高踞王位之上的曹丕早已看在眼中。他从老弟那紧握佩剑的姿态，感到一种潜藏的威胁。而曹彰在洛阳有意索取先王玺绶之事，也有心腹密报与他。于是乎曹丕打定主意，从今以后要对诸弟严加防备，以免祸起萧墙。

　　根据史书记载，当年二月二十一日丁卯，是曹操遗体下葬之期，这一天，日丽风和，邺城的老百姓纷纷涌向街头，去观看老王爷出殡这难逢难遇的大场面。护卫兵马，仪仗行列，文武百官，从王宫逶迤而出，缓缓移向西郊，前后绵延数里。这排场，这气派，令那些凡夫俗子目瞪口呆，啧啧赞叹。但是，也有少数见多识广者在私下嘀咕道："今日老王爷出丧，怎么没看见新王爷的大驾呢？"

　　他们说得不错，在当天的送葬行列中并无曹丕。此时此刻，他正在戒备森严的王宫中陪伴年迈的老母亲。不过，如果以为他是因伴母而不去送父，那就大错特错了。曹丕本来是要送父亲到墓地入葬的，他不愿意放弃这个能够显示自己孝道烝烝的大好机会，也确实想尽一尽人子之本分。但是，临到出殡前两天，他忽然犹豫起来。他想起曹彰那张阴沉的脸，以及脸上那一把刺眼的黄胡须。

原来，这曹彰不仅胡须长，而且颜色黄，连他老爸都称他为"黄须儿"。数万西征大军是由黄须老弟带领回来的，如今正驻扎在邺城的西南郊，距父亲墓地不过三五里路。倘若老弟在会葬时搞什么鬼把戏，那自己岂不是自投罗网吗？人世间杀伤力最大的就是"利害"二字，因为它能排斥天理，扫荡人情。此刻曹丕以利害来权衡一切，送葬之事自然就取消了。他连夜撰写了一篇文情并茂的哀策文，命人在入葬时宣读，作为代替之举。文中他这样写道：

痛神曜之幽潜，哀鼎俎之虚置。舒皇德而咏思，遂腷臆以荐事。

矧乃小子，凤遭不造。茕茕在疚，呜呼皇考。产我曷晚？弃我曷早？

群臣子辅，夺我哀愿。猥抑奔墓，俯就权变。

卜葬既从，大隧既通。漫漫长夜，窈窈玄宫。

有晦无明，曷有所穷？

卤簿既整，三官骈罗。前驱建旗，方相执戈。

弃此宫庭，陟彼山阿。

这一篇句末押韵的哀策文，把他未能亲送亡父入穴的原因，说成是群臣左右，坚持不要他前去，即所谓的"群臣子辅，夺我哀愿"；而自己也无可奈何，只好"俯就权变"，听从他们权且如此了。理由充足，措辞得体，真不愧是文章高手。

遵照曹操生前遗令，魏国内外上下的服丧期，到遗体安葬完毕时即告终止，之后各司其职，开始正常公务。就在服丧期满的次日，曹丕就宣布了他当魏王之后的第一项重大政治措施——分遣曹氏诸侯离开邺城，各回自己的封地。

表面上的理由是堂而皇之的，分遣诸侯，是为了"藩屏大宗，御侮厌难"。此处所谓的"大宗"，系指嫡长子这一支派。上两句的意思是说：分封诸侯并把他们遣往各自的封地驻守，犹如在大宗周围建立起可靠的藩篱和屏障，这就足以抵御外来的欺侮和祸难了。然而在实际上，曹丕所担心的根本不是"外"而是"内"，他这一手的真正目的，是要从此削夺曹彰的兵权。

曹操在世之时，曾分封子嗣多人为侯，计有鄢陵侯曹彰、临菑侯曹植、宛侯曹据、鲁阳侯曹宇、谯侯曹林、赞侯曹衮、襄邑侯曹峻、临晋侯曹矩、弘农侯曹幹、寿春侯曹彪、郿侯曹整、樊侯曹均、历城侯曹徽、平舆侯曹茂，凡十四人。诸侯皆随侍曹操左右，并未到各自的封地。曹操以武力扫荡群雄，把大半个中国抓在手中。为了加强自己的统治，他很想从亲生儿子当中，培养出几个能够镇守各处要地的大将之才。可惜的是，他的子嗣虽多，真正可以统领貔貅驰骋疆场而战无不胜者，唯有曹彰一人。因此之故，曹操在世时，曹彰北征燕代，西镇关陇，兵权越来越重。曹丕当了魏王，当然不能容忍这位不大服从自己的老弟手握强兵。可是如果专门下令削夺曹彰一人的兵权，又未免太显眼，太过分。于是，曹丕才下令分遣诸王就国，也就是各回自己的封地，未经允许不得擅离封地。这样一来，离开邺城到了自己封地的曹彰，就完全无法指挥邺城的中央兵马了，不仅很自然地把曹彰兵权削去，而且把其他今后可能对自己构成威胁的老弟们，全部都扫地出门，一劳永逸了。

二月底，上述十四位诸侯，除了个别特殊情况外，全部离开邺城，分赴各自的封地。愤懑不平的曹彰在启程前夕，接到魏王一纸嘉奖诏令，上面写道：

　　彰前受命北伐，清定朔土，厥功茂焉。增邑
五千，并前万户。

　　意思是说，此前曹彰接受命令北伐乌丸，平定了幽州，功劳很大，所以增加封地的户数五千户，连同以前的共计一万户。

　　当时具有封地的诸侯，除了能够享有社会荣誉之外，在经济利益上，还能够把封地之内民众原本上交给朝廷的租税，转给自己享用。因此，封地之中民户越多，所享有的经济利益也越大。曹丕把曹彰封地的民户增大一倍，是想以此来平息曹彰心中的怒气。

　　但是，他恐怕是想错了。"假仁假义！"曹彰在心里狠狠骂了一声，随即把诏令一丢，飞身上马直奔封地而去。这正是：

　　利害当头情分尽，曹彰就此失兵权。

　　要想知道曹丕处置了曹彰之后，又会将矛头指向了何人，请看下文分解。

第十五章

得陇望蜀

　　曹操曾经说过一句颇具哲理的话，那是在建安二十年（215年）七月得到汉中之后，幕僚们纷纷劝他乘胜进取益州时所言，他说："人苦无足，既得陇，复望蜀邪！"意思是说，人心就怕不能满足，既然得到了陇西，又还想得到蜀中么。当然，这话也不是曹孟德的发明，他也是拾了光武帝刘秀的牙慧。从此之后，"得陇望蜀"便成了形容人心不足得一想二的流行成语。我们如果要描绘曹丕登上王位之后的心态，也用得上"得陇望蜀"这四个字。他刚刚戴上了魏王的王冠，眼睛却又紧盯住皇帝的宝座了。

曹操生前是向着天子之位大踏步前进的。他先称魏公，旋又称魏王，接下来又获准"设天子旌旗，出入称警跸"，最后汉献帝命他"王冕十有二旒，乘金根车，驾六马，设五时副车"。至此，曹操得到了象征天子威权的一切，就差正"天子"之名这一层薄纸未捅破而已。在他死前两三个月，江东的孙权对他大耍外交手腕，恭恭敬敬劝他代汉称帝，曹操对群臣说道："这个小子是想把我弄到炉火上熏烤罢！"群臣自然附和孙权的建议，纷纷劝曹操捅破这层薄纸，曹操回答曰："若天命在我，我愿意当那位三分天下有其二仍然臣事殷商的周文王啊！"

曹操为何先是大踏步前进，而后来又不愿意捅破那层薄纸呢？细想起来，一个主要的原因，就是曹操多少还是有点顾忌社会舆论的压力。自汉武帝罢黜百家，独尊儒术之后，由于儒学勃兴，政府取士以德行为先，因而士大夫普遍以名节自励，至东汉中期尤其如此。从清流士大夫中产生的舆论，当时称之为"清议"。某人若被清议赞扬，则如登龙门，声誉远播；反之若被清议贬抑，则可能终身受人不齿。曹操其人，不论从年龄还是从思想意识而言，都属于东汉时代，所以他虽是一世"英雄"，却不能完全无视清议。他早年投身政治时，死活要当时的大名士许劭对自己下一个评语，就是他看重清议的明证。他本是靠打出匡扶汉室的旗号起家的，到头来要自食其言灭汉自立，似乎总有些自惭。何况在他步步进逼天子之位时，总有一些不怕死的人站出来表示异议，而这些人还是自己幕僚中素有威信者。称魏公之前，反对者是首席幕僚荀彧。称魏王之后，有看法者是丞相府干员崔琰。颍川荀氏与清河崔氏都是北方的名门大族，所以在一定程度上，此二人的看法代表了当时士大夫集团的清议。曹操虽然下令把荀、崔二人处死，但是他心目中对清议的顾忌却未能彻底消除。他说劝他称帝的孙仲谋是想置他于炉火之上，这"炉火"不是指社会舆论压力又是指什么呢？

物换星移，江浪相催。而今轮到曹丕当上魏王，上述的社会舆论对于他就形不成什么压力了。首先，他并不靠高喊匡复汉室起家，对名存实亡的汉室小朝廷无所谓对不对得起。其次，他又是从东汉末年的血雨腥风中成长起来的新一代，传统的清议在其心目中已经不复具有昔时的分量。单看他敢在王粲墓前敞开喉咙学驴叫这一点，即可看出他思想解放的程度。可怜的汉献帝遇到了这样一位不受约束的"新潮人物"，下台的日子也就不远矣。

不过，曹丕要想"更上一层楼"，也还需要作一些必要的铺垫。大体说来，必要的铺垫包括以下两个方面：第一是要巩固自己的统治，第二是要美化自己的形象。曹丕登上王位之后的半年时间里，一心一意想做到的就是这么两件事了。

巩固统治的要务是控制军队。"刀把子里出政权"，我们的古人早已认识到这是千真万确的道理。控制军队的主要手段，自然是笼络高级将领，所以曹丕称王之后，立即向各类高级将领厚施恩泽。

在同族的元老派将军中，以夏侯惇、曹仁两人最受曹丕的尊重和优待。曹操的祖父曹腾，是不能播种生儿女的宦官，只好收一个养子，这就是曹操的生父曹嵩。据说曹嵩本姓夏侯氏，系夏侯惇的叔父，故而夏侯惇乃是曹丕的族叔。夏侯惇字元让，其人资格老，战功大，是曹军数百员战将中的天字第一号人物。不过在曹操生前，夏侯惇的军阶并不很高，只是前将军。这倒不是曹操很吝啬，而是军阶制度的问题。西汉皇朝建立的汉家职官制度，丞相一职的等级最高，算是第一等；接下来是大将军、骠骑将军，这两种军职算是次于丞相的第二等；再接下来是车骑将军、卫将军、左将军、右将军、前将军、后将军，这六种军职算是次于"上卿"的第三等。自此以下，还有若干等级的将军名号。曹操受封称王，随即以魏王国的名义授予部属军阶。由于王比天子要低一等，故而最初魏国军阶的最高一等仅是前将军。曹军的头号将领夏侯惇只能得到前将军的军阶，其原因即在于此。曹丕称王之后，马上打破旧制，封拜夏侯惇为大将军。此举不仅表露了他准备取汉而代之的意向，而且显示了他对夏侯惇的特别器重。另一位元老派将军曹仁，字子孝，乃曹丕的族父。曹仁资深望重，勇冠三军，是当时曹军中的第二号人物。曹丕素来敬重曹仁，所以提升他为车骑将军，命他主持荆、扬、益三州军务。同时，又进封曹仁为陈县侯，食邑三千五百户。连曹仁的亡父曹炽，也被追封为侯爵，并调拨民户十家，专门看守其墓冢。

同族的少壮派将军，同样受到曹丕的恩宠。曹丕的族兄曹休，字文烈，以勇略出众而被曹操誉为"吾家千里驹也"。曹休自幼与曹丕一起长大，二人关系极好。曹丕登上王位，曹休立即升任领军将军，封东阳亭侯，其后全权负责东南的军事防务。曹丕的族弟曹真，字子丹，也是从小与曹丕长大的一员出色战将。曹丕在提升曹休之时，也擢拔曹真为镇西将军，进封东乡侯，并命其全权指挥关陇诸军，镇守长安。

在异姓将领中，以张辽、张郃、徐晃、臧霸诸将最受曹丕的眷顾。这些人长期追随曹操，忠心耿耿，战功卓著，是曹丕信得过的大将。曹丕称王后，同时提升张辽为前将军，张郃为左将军，徐晃为右将军，臧霸为镇东将军，命他们分别驻守陈郡、陈仓、宛县、青州等军事要冲。既拜将，又封侯，张辽等人感激涕零，无不发誓以死报答新主。

控制军队，抓紧刀把子，这是曹丕上台伊始所亮出的第一手。紧接着他又施展第二手——争取文官，抓紧笔杆子。争取文官的办法依然是加官晋爵，素来支持自己的官员赏赐尤为优厚。贾诩、王朗位登三公。免职在家的锺繇被重新起用，出任大理卿。吴质、贾逵、司马朗等都升任显职。此刻的文官们，可以说是人人有糖吃，家家都欢喜。当然也有个别人倒了大霉，这一点后面还要介绍。

一手抓刀把子，一手抓笔杆子，曹丕的"两手抓，两手硬"策略果然不同凡响，使他很快就在权力的顶端站稳了脚跟。至关紧要的问题既已摆平，接下来曹丕开始考虑如何美化自己的政治形象，使天下人觉得曹某人确实有资格破旧立新，代汉称帝。而要达到这样的目的，最好的办法是针对汉朝政治上不尽人意之处，提出受人欢迎的新政策来。对比鲜明，差异立见，人们岂有不拥护之理？从这样的思路出发，曹丕的两项新政不久就出台了。

第一项新政宣布：设置散骑常侍、散骑侍郎两种官职，定员各四人，作为魏王的贴身侍从。他们的任务，主要是协助君王处理政事，接受外来的呈文，传达君王的指令，大体相当于后世的"机要秘书"。同时又宣布：严禁宦人干政，宦人为官，最高只能充任"诸署令"，也就是王宫中负责生活杂物供应的小管事。

此项政令，系针对秦汉以来，特别是东汉中叶之后宦官干政这个士大夫最为痛恨的政治顽疾开刀，其意义非同寻常。所谓"宦人""宦官"或"阉宦"，都是指被阉割切除了外阴生殖器官的男人。早在两千多年前的先秦时期，周天子宫中已经开始用宦人从事杂役，以免在宫娥采女之间出现性骚扰的问题。如果撇开人道与否不谈，单就医学而论，中国人在泌尿外科手术上确属世界先驱。到了秦汉大一统皇朝，皇帝的后宫日益庞大，宫廷中供驱使的宦人也随之增多。他们除了服侍主子们的起居生活外，往往还要收受呈文，传达指示，充当宫外行政机构与皇帝之间的联络人，这样就给宦人干政创造了条件，提供了空间。秦末的赵高，西汉的弘恭、石显，都是最著名的乱政宦官。及至东汉，问题愈加严重，宦官几乎发展成为一支能和士大夫集团相抗衡的政治势力。之所以会如此，问题出在制度上。东汉政府明文规定：设置中常侍和小黄门两种宫廷内官，全部选用宦者，不用士大夫。他们的任务，就是协助皇帝处理政事，充当联络官员。东汉中期以后，皇帝多半短命，女主频繁临朝发布命令，宦官更加受到重用。他们不仅兼管九卿所在的衙门，而且堂而皇之统领军旅，于是政事日非，货赂公行，史书形容是"阿旨曲求则光宠三族，直情忤意则参夷五宗"。最终导致董卓之乱的大爆发，把东汉皇朝送上了绝路。

如今，曹丕废除了东汉的中常侍和小黄门，改设散骑常侍和散骑侍郎为宫廷联络官，并且明确规定不准宦者充任，只用士大夫，宦者为官不得超过诸署令，这样就从制度上彻底铲除了宦官干政的根源。为了传之久远，他还依照"国有大事则镂于金版"的古训，命人把上述政令镌刻在金属的简策上，然后珍藏于石室之中。如果知道东汉一朝士大夫与宦官浴血相争的残酷历史，你就不能不承认曹丕此举，确实能够在士大夫心目中树立起非常正面的新形象。如果联想到曹丕的曾祖也是一个炙手可热的掌权宦官，你也不能不赞叹他在刷新形象上的胆识和气魄。此后数百年间，宦人乱政之事很少形成大气候，开创铲除宦官干政之风的曹丕实有大功焉。

曹丕所实施的第二项新政，是九品官人之法，又叫九品中正制度。这是一套选拔人才的创新办法，主要设计者是曹丕信任的干员陈群。办法规定：在全国各郡（以后又在各州）

设立一种名叫"中正"的官员，每郡一人。担任中正者，须是出自当地，并且现时在中央政府任职的官员。中正的任务是评价本郡的人士。评价每三年进行一次，主要依据本人家世和才能两项，作出综合性的评语，并且给出一定的等级。等级共分九等，由高到低依次为上上、上中、上下、中上、中中、中下、下上、下中、下下。中正给出的评语称为"行状"，确定的等级称为"品第"。中央政府任用官员时，即根据各郡中正所提供的家世、行状、品第这三方面的材料，量材录用。品第高者为高官，品第低者任低职，品第与官位相互对应。

需要说明的是，其中最高等级的第一品"上上"，只是虚设，实际上并不授给任何人。为何会如此，据笔者专文研究，是因为这一制度，是从东汉班固《汉书》中的《古今人表》模仿而来。班固记录和评定了从远古到秦朝末年的1900多位历史人物，将他们分为从上上到下下共计九个等级，最高的上上等，定性为"圣人"；最低的下下等，则定性为"愚人"。列入"圣人"的名单中，仅仅只有14人，也就是班固所认同的三皇、五帝这8位，再加上后来的夏禹、商汤、周文王、周武王、周公、孔子这6位。这个位于金字塔尖的上上等群体，就相当于九品制度当中最高端的第一品。在九品中正制开始诞生和推行的三国时期，虽然玄学思潮已经开始出现，但是作为正统思想的儒家，其地位并未根本动摇，儒家所极度崇敬的上述"圣人"，依然享有无比尊崇的地位。在这样的时代背景下，当时还在世的后进人才，要想得到第一品的评价，从而跻身"圣人"的行列，能与孔子相提并论，当然是不可能的事。所以最顶尖的第一品，就只能虚设在那里充当摆饰了。

曹丕何以要挖空心思设计一套选才任官的新办法呢？众所周知，在此之前的两汉政府，在选拔人才时主要使用察举"孝廉"和"秀才"（后改为茂才）之法。在儒家思想的指导下，这种取士方法把道德品行作为评价人才的主要标准。由于判定一个人的道德品行，需要较长时间的实际观察，所以这种取士方法只适用于政治稳定的时期，此时的人口流动性不大，地方行政机构健全，长时间的观察才有可能进行和完成。到了东汉末年，社会崩溃，遍地烽烟，民众颠沛流离，地方政府陷于瘫痪，原有那一套取士之法完全无法施行，大批士人仕进无路，自然是怨气冲天了。曹丕看准了这一点，毅然推出九品官人的新办法。其实，当初他老爸南下取得荆州之后，就曾经做过类似的试验，可惜很短时间就无疾而终。现今曹丕决心全面推行。此法的特点，在于把才能作为首要的评选条件，使得士人不必再回本乡本土去作长时间的道德品行培养。只要中正了解你的才干，哪怕你现时并不居于家乡，也照样有仕进的机会。由于九品官人之法是与人口流徙频繁的社会现实相适应的，所以一直施行于魏晋南北朝动荡分裂的三百多年间。直到隋文帝重新统一天下，九品中正制才被科举制所替代。

在中国的封建时代，君主们最为看重的社会群体，主要是"士人"，即知识分子，因为他们是官僚系统的后备大军，意识形态的维护力量，文化教育的主导阶层。曹丕好文，自然更是如此。他严厉禁止宦人干政的政策，使长期遭受宦官势力排斥打击的士人在精神上得到了满足；他的九品官人之法，则使仕路不畅的士人在实际上得到了政治利益。而这两者，都是东汉旧皇朝未能办到的。至此，曹丕自认为刷新形象上的努力已告成功，动手把许都那位傀儡皇帝拉下马来的时候到了。

在登台演出逼宫夺位这一幕大戏之先，曹丕还抓紧时间，出了一口在胸中郁积了许久的恶气。他随便找了一点借口，便把当初死心塌地拥护老弟曹植为太子的丁仪、丁廙兄弟投入狱中。二丁兄弟百般哀求饶恕，满心快意的曹丕，非但不为所动，反而决定斩了草还要除根。不出数日，二丁兄弟以及丁家全部男口，不论是白发老者还是黄毛孺子，全部被处死于邺城的荒郊。丁家的妇女不敢前去收尸，倒是当地的村夫野老看了不忍，挖了一个乱葬坑把尸体掩埋了事。不过，无辜者的鲜血并未完全淹没曹丕对旧事的记恨，此后他还要逼迫自己的亲兄弟曹植，为过去的一切付出惨重的代价。这正是：

抓武抓文施手段，新皇急切要登基。

要想知道曹丕接下来，如何上演代汉受禅这一出充满矫情做作姿态的历史大戏，请看下文分解。

第十六章

代汉受禅

话说汉献帝延康元年（220年）六月，三十四岁的魏王曹丕，亲率六军共十万余众，浩浩荡荡离开邺城，扬言要南征江东，捉拿碧眼儿孙权。在一片震天动地的金鼓声中，曹丕导演的代汉受禅历史活剧就拉开了序幕。

好多死心眼的官员不明白，此时此刻正当炎夏，大王何以要亲冒暑热统兵南征呢？他们哪里知道曹丕搞的是"声东击西"的把戏，说是要往东南去打江东，实际上却在半路上转头向西，去逼迫许都的汉献帝下台。未能识破天机，就缄口不言也是可以的。可笑的是，有人硬要认认真真去劝驾。主管军需供应的度支中郎将霍性就是如此。他上疏一道，大谈不可兴师动众的道理。曹丕看得心烦，当即下令把霍性丢监处死。其他人一看，吓得再不敢妄加议论。耳根清净了，曹丕这才威风凛凛地启程，从邺城南下。

时值夏末，酷热难当。安坐于饰金专车之中的曹丕，犹且汗下如雨，更不消说那些荷戈执戟的战士了。第二天的下午，大军抵达黎阳县南的白马津（今河南省滑县东），准备从北岸乘船渡过黄河。又渴又累的士卒和战马，看到了滔滔河水，都发疯似的朝水滨奔去，渡口的秩序顿时大乱。曹丕十分恼怒，正要召唤各部将军来训斥，却见一位官长带领十余名骑兵，策马径奔渡口。他立马畔，大声喝令乱兵各归原队，接着命令随从，当场处死几个带头不听招呼的士兵，这一下乱纷纷的队伍才算基本恢复正常队形。曹丕近前一看，这位干练的官长非他，即是在洛阳为自己保护魏王玺绶的贾逵。曹丕赞许地笑了笑，忽然在心里打定一个主意。

渡过黄河之后，曹军继续向南，至鸿沟水离岸登舟。进入豫州境内之后，复向东取道涡水，顺流鼓棹而行。一路之上，走走停停，停停走走，到七月下旬才算抵达豫州的治所谯县（今安徽省亳州市）城下。

一到谯县，曹丕就把贾逵召来，对他说道："豫州乃我腹心之地，卿乃我腹心之臣，我今欲于此州游猎，烦卿为我督摄地方，如何？"

贾逵是何等精明的人，他一听魏王不再提南征孙权，而想停留在豫州"游猎"，就知道其所猎取的对象，将是豫州颍川郡许县（今河南省许昌市东）城中的汉献帝了；而魏王的意思，是要自己出任豫州的刺史，以行政长官的身份为"游猎"活动创造一个稳定安全的环境。他不由得激动起来，连忙跪下磕头，回答道："臣敢不奉命！愿殿下为四海百姓着想，不要违背上天与下民的殷切期望啊！"

曹丕明白，贾逵言外之意，是在劝自己早登帝位，君临天下。他笑了笑，没有多说。当下贾逵告辞出来，径奔谯县城中的豫州刺史府署接任去了。

要知道当时这个谯县，不仅是豫州的州治所在，而且是曹氏家族的故里。曹丕少小离乡，成人之后很难得回转桑梓；即使回乡也是陪同老父，自己只是一颗伴随明月的星星。此番曹丕以魏王的身份荣归故里，从感情上说，不是衣锦夜游而是衣锦昼游，原本就想在乡亲们面前显耀一番。再从政治上说，他又有心摹仿汉高祖称帝之后回故乡沛县（今江苏省沛县）、汉光武称帝后回故乡南阳郡（治所在今河南省南阳

市）的举动，先把天子的豪华排场摆将出来。于是，他在谯
县摆设宴席款待六军将士及当地父老百姓。酒酣耳热之际，
又令随军艺人表演伎乐百戏，也就是现今所说的杂技和马戏，
于是乎"巴俞丸剑，奇舞丽倒；冲狭逾锋，上索踏高；扛鼎
缘橦，舞轮擿镜；骋狗逐兔，戏马立骑"，一一出场献技。上
至文臣武将，下至贩夫走卒，莫不大饱口眼之福。一脸得意
之色的曹丕，接受君民代表的轮流敬酒后又宣布：免除谯县
百姓的租税二年。全场登时欢声雷动。就这样一直闹到夕阳
西下暮色苍茫时，曹丕才起座回转行宫。

　　祭祀了祖宗陵墓，访问了故旧亲族，曹丕在秋高气爽的
九月离开了谯县。按理说攻打江东应当取道东南，由涡水入
淮河，再经芍陂即可抵达合肥前线。然而他似乎把打孙权的
事忘到了九霄云外，竟然挥军向正西奔去。十月初四日丙午，
兵马来到颍川郡颍阴县（今河南省许昌市东）境内，一处名
叫曲蠡的地方，曹丕传令各军就地安营歇息，这一歇便歇了
足足一个月之久。

　　这曲蠡不过是颍水北岸边的一个小乡镇，有什么东西值
得曹丕在此盘桓而不忍离去呢？其实只要一看历史地图，就
会明白其中的玄机。曲蠡正北不过五十里多一点，便是汉献
帝所在的许县。魏王亲率十万雄兵在眼皮底下驻扎，进又不

进，退又不退，你汉献帝还能安安心心在这里当天子么？识时务者，赶快把天子的宝座给别人让出来罢。

曹丕在曲蠡住下来不过三两天，已经有人猜中了他并未明说的心思，还抢先呈上了一通劝进的表奏。这个人精，即是左中郎将李伏。所谓"劝进"，就是敦劝某人再进一步去当皇帝。此人在其上奏中，说了若干表明魏当代汉，然而又无法证实的"祯祥众瑞"，最后恳请魏王早登大宝。曹丕看了，微微一笑，提笔批示："以示外。薄德之人，何能致此，未敢当也。"意思是说，送给外边传观罢。我德泽微薄，怎么会引来这样多的祥瑞事物，真是不敢当啊。

如果真心真意认为自己"薄德"和"未敢当"，那就把李伏的表文丢在一旁归档好了，又何须"以示外"？既然让群臣传观这篇文字，不是暗示大家都要向李伏看齐么？所以曹丕的批示一下，随从的群臣之中立即刮起一阵劝进之风。这股政治上的旋风，再加上初起的孟冬朔风，吹得许都皇宫中的汉献帝心惊胆寒。四十岁的刘协，自九岁起即开始当傀儡皇帝，至今当了三十二年之久。挟持过他的权臣悍将，前有董卓、李傕，后有曹操、曹丕，也不知道他这日子是怎么熬过来的。此时此刻，他独立殿前，眼望着满园盛开之后出现枯残的菊花，心里却在作痛苦的选择。最后，他长叹数声，随即吩咐侍从召集汉室官员入宫。一个时辰之后，稀稀拉拉来了十多位文武臣僚。汉献帝也不多说，马上命左右宣读禅位诏书，文曰：

> 朕在位三十有二载，遭天下荡覆，幸赖祖宗之灵，危而复存。然仰瞻天文，俯察民心，炎精之数既终，行运在乎曹氏。是以前王既树神武之绩，今王又光曜明德以应其期，是历数昭明，信可知矣。夫大道之行，天下为公，选贤与能。故唐尧不私于厥子，而名播于无穷。朕羡而慕焉，今其追踵尧典，禅位于魏王。

中国古代皇帝的诏书，一般都由左右擅长辞章的臣僚代笔。这篇禅位诏书亦然，其撰作者乃是汉朝的尚书卫觊。卫觊同时还代撰了直接写给魏王的禅位书，当时称之为"禅册"。汉献帝当着众官的面，正式宣布禅位后，即派主管礼仪的太常卿张音为特使，给魏王送去禅册和天子玺绶。张音以为得到一个大好的差使，立刻乐颠颠地朝曲蠡驰去。这一天，据史书记载是当年的十月十三日乙卯。

早在汉献帝宣布禅位之前，已经有五批共二十余名文武大员上表劝进了。曹丕一概辞谢，每天率领一批侍卫，在颍水两岸飞骑逐猎，煞是悠闲自在。张音捧着禅册、玺绶来到曲蠡行宫，有关官员急忙跑到猎场，请魏王回行宫受禅。曹丕勒住八尺龙驹，只说了两句话："卿等向汉朝来使解释我不能接受之意，我还要逐猎，回宫再说吧。"言毕，又纵马奔向远方。张音无可奈何，在行宫一等就等了五天，曹丕始终没有表现出受禅之意。

曹丕属下的官员知道禅代已经成为定局，便自作主张筹备起受禅所需的一切，包括修筑举行仪式的坛场。与此同时，一百二十名文武官员又两次联名上书劝进。曹丕依然不肯俯允众意，反而责怪臣僚"何遽相愧相迫之如是也"，意思是你们为何要这样急着羞愧我、逼迫我嘛！

十月十八日庚申，魏王正式派遣特使毛宗，觐见汉献帝，上书辞让并奉还天子玺绶。这汉代的天子大印，可不是普通之物，当时称之为"传国玺"。秦始皇统一六合，令良工取蓝田美玉，琢成自己专用之玺。此玺的形制，是当时的见方一寸，约合今 2.4 厘米，大约是一个指节的长度多一点。现今的影视作品中，赫然出现儿童头颅一般大小的玺印，那是不明历史者的乱来。玉玺的上端有五龙相交为纽，其文字由丞相李斯书写。秦亡，此玺归汉高祖；新莽代汉，又归王莽；东汉继兴，传国玺又入光武帝之手。董卓之乱，此玺先后被孙坚、袁术所得。袁术死，复由徐璆上还给汉献帝。如今，传国玺先由张音送往曲蠡，复又由毛宗送回许县，这象征天子威权的无价之宝，倒有点像田径赛中跑道上的接力棒了。

更有趣的是这"接力棒"的接送，竟还不止于一个来回。十月二十日壬戌，汉献帝再发禅诏，张音奉玺绶二赴曲蠡；两天后曹丕再上书辞让，毛宗奉玺绶二还许都。十月二十五日丁卯，汉献帝三发禅诏，张音奉玺绶三赴曲蠡；两天后曹丕第三次派毛宗上书辞让，但是玺绶却不再奉还了。十月二十八日庚午，汉献帝把代撰禅诏的卫觊，直接派往曲蠡敦促。这一次曹丕不再推辞，他强压住满腔的兴奋，只吐出一个字："可！"这个"可"字，是当时上级批示下级公文时的专用词汇，其含义是同意。

至此，跑得精疲力竭的张音才算松了一口大气。统计此次劝进的情况，汉献帝下达让位禅诏四次，臣僚上呈劝进表奏十七次，曹丕表示谦让多达二十次。在中国封建时期的"禅让"史上，这大概是前无古人后无来者的记录了。但是，这只不过是曹丕所导演禅让闹剧的第一幕，接下来还有第二幕呢。

第二幕是举行即位告天仪式。时间在曹丕吐出那个"可"字的次日，即十月二十九日辛未。几天前，曹丕的臣僚已经把举行仪式的特殊建筑，也就是坛场，修建完毕。坛场位于曲蠡乡所属繁阳亭界内一处极其开阔平坦的原野上。在这可以容纳数万人的广场正中，耸立起两座高台。位于北面者是燎祭之台。台为正方形，边长五十步，高七丈。台下正中供有皇天、后土神位，其外是五岳（泰山、衡山、华山、恒山、嵩山）和四渎（长江、黄河、淮水、济水）诸神位。神位之前，摆放的是黑色雄性的牛羊猪三种祭品。此外，台上还放置了五堆供燎祭的木柴。在燎祭之台的正南方，是受禅之坛。坛也呈正方形，边长三十步，高二丈，宽与高都不如燎祭之台宏伟。坛上正中，设置受禅皇帝之位。坛场四周，有上万名兵士肃立守卫。蓝天之下，但见各色旗幡随风飘扬，弥漫着一片庄严神圣气氛。

这一日的清晨，受禅仪式正式开始。曹丕率领文武百官，从行宫来到坛场。此时，受禅坛四周的广场中，已有数万军民肃立等候。身着皇帝冠服的曹丕，首先缓缓登上受禅坛，就皇帝之位，面北而立。接下来公卿、列侯、诸将、匈奴单于、各州郡代表、边境各少数族的代表等，依次登坛，面北就陪同之位。在寂静之中，燎祭台上的五堆木柴被点燃了，烈焰熊熊，黑色的浓烟冉冉上升，直达天际。天上和人间既已沟通无碍，新皇帝曹丕开始以虔敬的语调朗诵《告天地神祇文》，文曰：

皇帝臣丕，敢用玄牡昭告于皇皇后帝：

汉历世二十有四，践年四百二十有六，四海困穷，三纲不立，五纬错行，灵祥并见。推术数者，虑之古道，咸以为天之历数，运终兹世，凡诸嘉祥民神之意，比昭有汉数终之极，魏家受命之符。汉主以神器宜授于臣，宪章有虞，致位于丕。

丕震畏天命，虽休勿休。群公庶尹六事之人，外及将士，泊于蛮夷君长，佥曰："天命不可以辞拒，神器不可以久旷，群臣不可以无主，万机不可以无统。"丕祗承皇象，敢不钦承！卜之守龟，兆有大横；筮之三易，兆有革兆。谨择元日，与群僚登坛受帝玺绶，告类于尔大神；唯尔有神，尚飨！永吉兆民之望，祚于有魏世享！

这一篇《告天地神祇文》，被曹丕念得来抑扬顿挫，洪亮流畅。朗诵毕，一位司仪官上前下跪，接过曹丕手里的文件，下坛后登上燎祭台，将文件投入熊熊的柴火之中。霎时间，一缕青烟冲天而去，这表明新皇帝的祷告，业已上达天神并且得到其首肯。于是，魏国三公之一的相国华歆，用金盘捧来天子玺绶，跪呈于曹丕面前。曹丕接受玺绶，佩带在身上后，又注视一阵渐渐熄灭的烟火，这才率领群臣下坛。至此，受禅礼成。在一片震耳欲聋的欢呼"万岁"声中，曹丕对身旁的臣僚们说道："虞舜、夏禹受禅的古事，我现在才算是完全弄清楚了！"

曹丕受禅代汉，改元"黄初"，了却了平生的大愿。但是，事情并不能算完，接下来还有一些急务要办。

首先是汉献帝刘协的处置问题。在这个问题上，曹丕表现出来的气量比较宽宏。他没有像此后的受禅者，比如宋武帝刘裕、齐高帝萧道成、梁武帝萧衍，一登基便把前朝皇帝送上西天。曹丕把司隶校尉部河内郡的山阳县（今河南省焦作市东），划作退位者的封邑，称之为"山阳公"。山阳公食邑万户，举行郊祭礼仪时，仍可自称"天子"；向曹丕上书，亦可不称臣。刘协移居山阳后，又活了十四年，至五十四岁时才寿终正寝。

还有就是分施恩惠的问题。你当了皇帝固然快乐，但是你不能独乐，也得让大家高兴高兴才是，否则不是白白为你捧场了么？曹丕当然懂窍，所以立即下达指示：文武百官按功劳大小，或加官，或晋爵，不得遗漏。至于平民百姓，也有一点表示，这就是"赐男子爵，人一级；为父后及孝悌力田，人二级"，虽然只有一点空泛的社会荣誉而没有实惠，倒也聊胜于无了。

最后是都城的确定问题。邺县虽然经营已久，但其位置未免偏北。许县过于偏南不说，城池也狭小破旧。想来想去，曹丕还是觉得东汉旧都洛阳最为适合天子所居。其地居天下之中，北枕黄河，南临伊、洛，东凭成皋，西据函谷，确实是难得的形胜之地。唯一的缺点，是洛阳的皇宫在董卓之乱中受到了严重的破坏。不过，如今自己贵为天子，重新修复一座皇宫又有何难？主意既定，曹丕马上命令有关官员组织人力修复洛阳皇宫。当年年底，曹丕在臣僚的簇拥下，从许昌来到洛阳。当他跨入新修复完毕的皇宫时，心情真的是好极了！

但是，他却没有想到，"福兮祸所伏，祸兮福所倚"，一场家庭的大悲剧，即将在过了新年之后，出现在自己的面前。这正是：

喜剧许昌才谢幕，家庭悲剧又开场。

要想知道曹丕来到洛阳新宫之后的第二年，家庭之中又有何悲剧开场上演，请看下文分解。

第十七章

怒杀甄妃

在叙述曹丕家庭悲剧之前，先要说说他来到洛阳后所办理的两件重要公务。

第一件重要公务是，宣布修改都城洛阳的名称。东汉时期的首都洛阳，在正式名称上是读音相同的"雒阳"，而不是"洛阳"。为何不是三点水的"洛"，而是带"隹"字偏旁的"雒"呢？其中的奥秘，是与当时一种流行的文化理念密切相关，这就是所谓的"五德终始"。

所谓"五德"，德者，性质也，即木、火、土、金、水这五行的特性。古人认为，木、火、土、金、水，是构成物质世界的五种基本元素。五行的特性各不相同，彼此具有相生或者相克的两种关系。以相生关系而言，木材燃烧生成火焰，火焰生成灰烬即属泥土，土层中矿石生成金属，金属融化生成水样的液态（另一种说法是水汽在冰冷的金属上凝成水珠），而水则滋润树木生长，这样就形成了相生的循环。这种五行之说，后来又与政治发生密切的结合，逐渐形成"五德终始"的理论，并且在汉代，又开始对现实的政治和文化，产生了深广的影响。

按照东汉班固《汉书》中所引录的《世经》，这种理论是把中国古代的王朝，按照时间先后排好顺序之后，再用循环相生的关系，将"五德"也就是五行，与之进行对应性的匹配。第一位是伏羲氏，与之相对应的是木德。每经过五个君主和王朝，形成一个循环，然后周而复始。第三个循环，是从周朝开始，对应木德。但是请注意，接下来却抛开了秦始皇的秦朝，而是直接轮到了刘邦的汉朝，对应的是火德。抛开秦朝的理由，是认为此前的秦国，曾经是周朝下属的诸侯国，即使后来完成统一，也不能算是承受天命而创建的崭新王朝，所以不能列入正规的序列当中。光武帝刘秀建立的东汉，属于汉朝的中兴重建，并非革新天命之举，所以依然属于火德不变。

木、火、土、金、水五行，分别又有五种颜色，即青、赤、黄、白、黑，所以与王朝相对应的，还有五色当中的某一色。而对应的颜色，就是该王朝象征正统和吉祥的标志性颜色。汉朝既然对应火德，所以标志性颜色就是赤色。由于赤色是汉家正统的标志色，当时的人们又常用"赤心"一词，来形容对汉朝的忠诚之心。比如，董昭替曹操给杨奉写信说："吾与将军闻名慕义，便推赤心。"这见于《三国志·董昭传》。所谓的"赤心"，就是现今所说的一颗红心。

不难看出，这实际上是一种为新兴王朝，特别是为东汉朝廷，精心制造"奉天承运"的道义根据，从而将其政权神圣化的理论，在今天看来颇有荒诞的色彩。然而在东汉和三国，以及三国之后的较长时间内，这玩意儿却是正儿八经的指导性政治文化理论，并且运用到各种具体的方面。

比如，三国时期的年号确定就是如此。三国当中各自确定的第一个年号，曹丕称帝时是"黄初"，孙权称王时是"黄武"，称帝时是"黄龙"，为什么都带一个"黄"字？唯独刘备称帝，取了一个"章武"，为什么又不带"黄"字？说穿了原因也很简单：曹丕和孙权，都认为自己是改朝换代的新兴正统王朝。旧的汉朝属火，对应的是红色；火生土，新王朝属土，对应的是黄色，所以第一个年号都带"黄"字，否则的话，就不能显示自己是正统所归而承受天命。刘备则不同，他是兴复汉室，并非改朝换代，所以不用"黄"字，他要扫黄，取了一个"章武"的年号。

洛阳是一座具有悠久历史文化的城市。最早出现于西周的周成王时期，由执政的周公所建筑。因为位于洛水北岸，所以最初叫作"洛邑"。战国时改名为"洛阳"。到了汉代，又使用了"雒阳"的称呼，在司马迁《史记》和班固《汉书·地理志》中都是如此。一直到了魏文帝曹丕代汉称帝的黄初元年（220年）十二月，名字才又改回了"洛阳"，从此沿用至今。那么汉代为何要把"洛阳"变成了"雒阳"？曹丕又为何要把"雒阳"改回为"洛阳"呢？陈寿《三国志·文帝纪》裴松之注引的《魏略》，有如下的一段趣味性的破解：

> 诏以汉火行也；火忌水，故"洛"去"水"而加"隹"。魏于行次为土；土，水之牡也，水得土而乃流，土得水而柔，故除"隹"加"水"，变"雒"为"洛"。

意思是说，魏文帝下诏认为：此前汉朝在五行的顺序上属于"火"；而火是忌讳水的，所以去掉了"洛"字的"水"字偏旁，换成了"隹"字的偏旁变成了"雒"。现今我们取代汉朝的大魏皇朝，在五行的顺序上属于"土"，而土是水的最佳配对，水要得到土的配合才能形成水流，土也要得到水的配合才能变得柔软，因此朕决定去掉"雒"字的"隹"字偏旁，重新加上"水"字偏旁，把"雒"字变回"洛"字。

由此可见，在这一次曹丕宣布改名之前，这座都城的正式名称依然还是"雒阳"。但是，考虑到现今版本的史书，比如陈寿《三国志》，全书都是使用更加通行的"洛阳"，而非"雒阳"，为了不给广大读者造成困惑，所以本书也都统一采用"洛阳"一词。本系列的其他各书也是如此。

第二件重要公务是，宣布设立五座都城。大魏皇朝立都城五座：中都洛阳，东都谯县，南都许县改名许昌，西都长安，北都邺县。有五座都城，自然就得配备五座皇宫，大兴土木，势在难免。天下尚未一统，最先称帝的曹丕就开始摆起排场。

这是黄初二年（221年）三月的洛阳，风光旖旎，气候宜人。从城南宣阳门通向洛水浮桥的宽阔大道上，行人熙熙攘攘，有如过江之鲫。自东汉定都洛阳以来，此地的居民已经形成一种风俗，即在三月暮春时节，结伴出游南郊洛水之滨，饮宴洗浴，笑语欢歌。这种洗旧迎新的郊游，当时称之"祓禊"，也就是后来的曲水流觞。董卓之乱，洛阳兵火连天，祓禊之风就此打断。如今新皇帝定都洛阳，街市宫苑渐渐恢复旧观，社会秩序日趋安定，消歇多年的祓禊之风也重新兴盛起来。时人描述其盛况是"妖童媛女，嬉游河曲，或振纤手，或濯素足，临清流，坐沙场，列罍樽，飞羽觞"，真是欢畅之极！

可是，此时此刻的新皇帝曹丕，却很不快活。

堂堂天子之尊还会有什么烦心的事呢？论居处，新修复的皇宫，虽然比不上秦始皇的阿房，汉高祖的未央，却也还当得起"富丽堂皇"四个字。其南有建始、芙蓉、崇华诸殿列峙，"修栏荫于阶砌，崇栋拂乎昊苍，绮组发华，翡翠生光"。其北有芳林之园，累石成山，蓄水为池，遍种奇花异草，春来一片芳菲。论伴侣，身边的美女娇娃，虽然比不上汉武帝的后宫有三千之数，却也是燕瘦环肥，令他目不暇接。更何况汉献帝为了表示诚心，还把自己的两个妙龄女儿送入魏宫奉箕帚之役，这一对姊妹花使得曹丕很有点神魂颠倒。那么他现时究竟在烦恼什么呢？原来，是册立皇后之事出了麻烦。

曹丕既已称帝，按照礼制应当迅速册立皇后，以免阴阳失和，后宫虚旷。所以他到达洛阳后不久，主司礼仪的太常卿便上奏一本，恭请皇上建立长秋宫。此处的"长秋宫"，即是当时皇后专用的礼仪性代称，正如前文所介绍的，太皇太后代称"长信宫"、皇太后代称"长乐宫"一般。选立皇后本是大喜事，可是曹丕一看到这本奏章，不由得心头无名火起，因为选立皇后论理应选立嫡妻甄氏，而甄氏与他闹别扭已经持续多时了。

中国古代的帝王，看起来至尊至贵，其实个人的感情生活多半是不幸福的，因为他们很难享受到"夫唱妇随""心心相印""白头偕老"等词语所蕴含的那种人生乐趣。这怪谁呢？只能怪他们自己。他们视女性为玩物，至多当作是传宗接代的工具。为了满足自己无餍的色欲，他们广纳妻妾，还把这化为"正大光明"的制度。《周礼》规定：王者除立后一人外，还有三夫人、九嫔、二十七世妇、八十一女御，共五等一百二十一人。可是周天子比起汉天子来，又是小巫见大巫了。西汉武帝之后，皇后以下的小妾还有二十一等，后宫佳丽多达三千以上，以致如王昭君那样的绝色女子都空老春风之面。这种多多益善的心理，与儿童进了玩具店时要这要那的心理并无不同。人与人的关系既已化为人与玩物的关系，相互之间自然会缺乏正常的感情交流，数不尽的悲剧，始爱之而终弃之，也就在宫廷中不断地演了出来。曹丕与甄氏之间的感情恶化，只不过是这些系列性悲剧中的一出而已。

他们夫妇起初似乎也很和美，因为那时的甄氏年轻貌美，又给曹丕生了一个聪明俊秀的宝贝儿子曹叡。但是，近数年来情况大变。比曹丕要大五岁的甄氏，年近四十，已是人老珠黄之时。曹丕便把以往用在甄氏身上的万般宠爱，转移到其他人的身上。他广纳女宠，纳宠的手段主要有两种。一种是名正言顺的，也就是按礼制规定的限额纳娶小妾。作为太子，除嫡妃外，依制可娶小夫人四十人。以后他称王称帝，娶妾又更多于此数。另一种则属于非礼之举。其父曹操死时，曹丕在父亲的爱妾中，暗中挑选可意者占为己有。后来其母卞太后发现秘密，曾经痛斥他是"狗鼠不食"之人。除了纳女宠之外，曹丕似乎还有龙阳之好。何谓"龙阳之好"？即男性的同性恋，现今戏称的"同志"是也。战国时魏王有男宠一人，被封为龙阳君，故而后世以"龙阳"指代男色。曹丕为太子时，曾与亲族夏侯家的一位年轻人名叫夏侯尚者，相互亲热得异乎寻常。史称"时夏侯尚昵于太子，情好至密"，以至于有人向曹操报告，请将二人分开。不过，如果曹丕仅仅因为"喜新"而转移情爱，甄氏也还可以保持嫡室的地位，大不了寝宫较为冷落，君王难得眷顾而已。不幸的是，曹丕的新宠之中，眼睛盯住甄氏的嫡室位置，一心想取她而代之者大有人在。她们不时在曹丕耳边煽风点火，逐渐强化他的"厌旧"情绪。这样一来，甄氏的悲惨结局，势必就不可避免了。

在算计甄氏的人中，最厉害的一位是曹丕的宠妾郭氏。郭氏乃冀州安平郡广宗县（今河北省威县东）人氏，其父郭永，曾任南郡太守。郭氏少年时即很有心计，与众不凡，其父称赞她是女中之王，于是以"女王"为其名字。可惜这位女中之王命途多舛，尚未成年时父母即双双客死他乡，丧乱流离之际，她竟然沦落为一位侯爷家的女奴。后来这位侯爷又把她作为礼物进献给曹丕，充当叠被铺床的使女，从此就时来运转。那时候，曹丕正在为争夺继承人的位置而苦思良策，在旁侍候的郭女王，不仅能用自己的美色和温柔来给主子以慰藉，而且还能替主子出一些绝妙的主意，于是乎大受曹丕的青睐。曹丕得胜当了太子，想把郭氏从奴婢提升到侧室位置，以表心意，无奈自己还不能当家作主，只好暂时忍口不谈。曹操一死，登上王位的曹丕，立即宣布以郭氏为夫人。当时魏王后宫的等级制度还是曹操订立的，作为嫡室的王后以下，分为夫人、昭仪、婕妤、容华、美人五等。郭氏从侍女的卑位，陡然升到侧室的最高等级——夫人，不折不扣是一步登青天。何况此时曹丕并未正式立后，连甄氏也只挂着"夫人"的头衔呢，所以实际上郭氏已经和甄氏比肩抗衡了。郭氏当上夫人，又开始向王后的位置进军。然而王后不像夫人，这个位置只能允许一个人坐，即所谓"一山不藏二虎"也。于是郭氏充分发挥她在智谋心计上的优势，随时向曹丕吹枕旁风，以求把甄氏挤下台去。而曹丕此际正在对汉献帝大唱一出"逼宫"大戏，男忙于外、女忙于内，一对男女都在大显身手，只是苦了许县的汉献帝和邺城的甄夫人两位了。汉献帝虽然丢了位置，总还保住一条性命；甄夫人却是丢了位置又丢性命，相形之下结局更加悲惨。

高台观春色，清池映日华。三月间的邺城魏宫西园，花红草绿，鱼跃鸟鸣，到处是一片浓郁的春意。抱病已久的甄氏夫人，近日感到身体略微好了一些，便命侍女扶自己到园中走走。近数年来，因心情悲伤抑郁过度，她的健康状况急剧恶化，所以曹丕离开邺城南征，她没有能够随行。以后曹丕即位称帝，把皇太后卞氏和一批宠姬都接到了洛阳，甄夫人却依然留在邺城。她确实有病不能起程，再说她也不想去，一来是有些赌气的意思，二来也想图个清净。偌大的魏宫而今只有不到原来一半的人居住，春意盎然的西园，也显得颇有些凄清寂寞了。

甄夫人缓缓地走，默默地看，心中却在细细地想。这铜雀台依然如昔时一样壮丽巍峨，可是往日与我携手同游窃窃私语的人儿却变了心，"悠悠苍天，此何人哉！"这芙蓉池中的鸳鸯、红鲤，依然是在成双成对地嬉戏，禽鱼尚且恋旧，何以人却如此薄情呢？想着想着，她不禁悲从中来，于是在池边花下，濡墨伸纸，写出她传世的一首题名为《塘上行》的五言诗：

> 蒲生我池中，蒲叶何离离。
>
> 傍能行仁义，莫若妾自知。
>
> 众口铄黄金，使君生别离。
>
> 念君去我时，独愁常苦悲。
>
> 想见君颜色，感结伤心脾。
>
> 念君常苦悲，夜夜不能寐。
>
> 莫以豪贤故，弃捐素所爱。
>
> 莫以鱼肉贱，弃捐葱与薤。
>
> 莫以麻枲贱，弃捐管与蒯。

用诗歌倾吐出一腔哀怨后，甄夫人的心境慢慢平静下来。

她想：镜破难圆，水覆难收，感情既已淡薄，何必强求恢复？自己体弱多病，且年届四十，又何苦与他人争名争位争个你死我活？好在儿子曹叡已经十六岁，即将成人，又聪明伶俐，懂得体贴母亲，将来自己就不愁无依无靠了。想到这里，她打定主意，今后就独自住在邺城，一面休养，一面抚养曹叡兄妹二人。只要把子女拉扯大，今生今世于愿足矣。

这一边甄夫人抱定了谦冲退让之志，那一边曹丕却开始派遣使臣催她起程去洛阳。曹丕初登帝位，一心想在天下人面前，保持盛德君主的美好形象，所以他虽然对甄氏已经毫无情意，却不愿意嫡室夫人长期独居邺城。不久使臣回洛阳复命，说是夫人未能上路，仅带回夫人的上表一通。曹丕接过表文一看，上面写道：

妾闻先代之兴，所以飨国久长，垂祚后嗣，无不由后妃焉。故必审选其人，以兴内教。今践阼之初，诚宜登进贤淑，统理六宫。妾自省愚陋，不任綝盛之事，加以寝疾，敢守微志。

表文很短，意思也很明白：甄氏不仅现时不愿来洛阳，而且今后也不能从命。不来的原因有两条，一是自感"愚陋"，二是"寝疾"，即长期患病。曹丕把表文读了两遍，心中好生不悦，因为他觉得"自省愚陋，不任粢盛之事"这一句，颇有讥刺之意。讥刺谁？讥刺聪明多智的郭氏也。而郭氏又是受自己的恩宠才得以升任夫人，所以讥刺郭氏也就是讥刺自己嘛。

沉默一阵，曹丕开口问使臣道："夫人近日病体如何？"

秘密调查甄氏的言行动态，本是曹丕交代给使臣的主要任务，在这一点上使臣做得很出色，他连忙回答说："陛下，夫人病情大有好转，近日常常步游西园，还在园中作诗一首。自吟自唱呢。"

"哦！"曹丕有些意外。既然有游园作诗的好精神好兴致，那么表文中所说的"寝疾"，起码是半假话。想到这里，他的心中陡然腾起一股怒火，便厉声问道："夫人作的何诗？"

一直跪在地下的使臣，立刻从怀中取出《塘上行》一诗的抄本，双手呈上。精于文学的曹丕，把全诗轻声吟唱了一遍，心中的怒气不觉消减许多。原来，这《塘上行》是汉代乐府诗中一首歌诗的题目，在曲调的分类上属于相和歌辞。甄氏用乐府的旧题作诗，其实寓有深意。传说西汉大文学家司马相如得志之后，即想聘京城长安西郊茂陵一位美女为妾。他那患难与共的结发妻子卓文君，得知丈夫变心，便用乐府旧题《白头吟》作诗一首，表示两情"决绝"之意。司马相如见诗，大受感动，遂打消纳妾的念头，夫妇和好如初。而今甄氏作《塘上行》，明显有效法卓文君作《白头吟》的意思。曹丕有所体会，究竟是十多年的夫妻了，所以怒气平息一些。他想：既然你的诗说是"想见君颜色""念君常苦悲"，为何又拒绝来洛阳？也罢，我就再派人来请你，看你怎么说？于是，曹丕命令使臣立刻动身，二下邺城。

也是甄氏命该出事，使臣二至邺城时，她突然旧疾复发，再度卧倒在床榻之上，而且一拖就拖了两个多月。迄至六月中旬为止，那位使臣已经在洛阳与邺城之间跑了三个来回，甄氏仍然未能成行。

这一下曹丕真的发火了。他认定甄氏是在装病，故意和自己下不去。俗语云："情有好深，仇有好深。"意思是说曾经相亲相爱的人们一旦翻了脸，相互猜疑仇视将会达到反常的程度，此时此刻曹丕的心态即是如此。由于郭氏在旁边火上浇油，曹丕竟然认为甄夫人滞留邺城，并不只是感情问题，而有更深一层的原因。首先，甄氏出自汉代名门，先世一直是高官显宦，长期承受汉天子的深恩厚泽。如今自己刚刚代汉受禅，你就高矮不听招呼，肯定是因为眷恋旧朝而故意对我表示不满。其次，这邺城的魏宫，原是汉朝大将军袁绍的府邸，你甄氏又本为袁绍的二儿媳妇，现在你坚持赖在那里不走，莫非是旧情未断，打定主意要为原夫家尽孝守节吗？经过如此一番深文周纳，上纲上线，曹丕心中最后那一份残情剩爱消失了，慢慢升腾起来的，则是一股可怕的杀机。

黄初二年（221年）六月二十八日丁卯深夜，从洛阳秘密赶来的特使，在病榻前向甄夫人宣读了皇帝赐甄氏自尽的手诏，然后强迫她饮下从洛阳带来的毒药。这真是风摧玉树，雨毁琼花，当今魏帝的嫡室夫人，未来魏帝的生身母亲，就这样含恨离开了人间！

遵照皇帝的旨意，甄氏的遗体未能依礼成殓；入棺时去尽头饰，散发覆面；口中也未按规矩放入玉珠，而是满塞了米糠。然而在当时的御用史官笔下，又是如何记述这一令人发指之事呢？他们写道：

> 有司奏建长秋宫，帝玺书迎后，诣行在所。……玺书三至，而后三让，言甚恳切。时盛暑，帝欲须秋凉乃更迎后。会后疾遂笃，夏六月丁卯，崩于邺。帝哀痛咨嗟，策赠皇后玺绶。

甄氏的死因是疾病，曹丕又还悲痛万分，史臣笔下生花的功夫确实了得，无怪乎前辈哲人要发出"尽信书不如无书"的感叹了。

十五个月之后，郭氏被魏文帝曹丕册立为皇后。

但是，十四年之后，郭氏又被甄氏的儿子魏明帝曹叡逼死，死后的遭遇也同甄氏夫人一样，即不得大敛，散发覆面，以糠塞口。深究起来，这一报还一报的人间悲剧，恐怕都是曹丕自己造成的命债。这正是：

往日恩情今断绝，谁知命债似连环。

要想知道接下来，曹丕还要在国际外交舞台上作出甚么样的可笑蠢事，请看下文分解。

第十八章

贻笑孙吴

　　怒杀甄妃之后，曹丕忽然对南方的孙吴表现出强烈的兴趣来，并且一心想在魏吴两国之间，建立起巩固的君臣关系。他之所以如此，一是要表明他绝非割据一方的霸主，而是继汉家皇帝之后君临海内的天子；二是想借此转移人们的目光，遮掩家门之丑，因为新登基即有嫡妻暴死之事，对他的美好形象多少会有玷玉污金之累。然而过于自信的曹丕，完全低估了自己对手孙权的智商，结果是利用对方不成，反倒被对方充分利用了一番。曹丕初次涉足国际外交，便栽了一个不大不小的筋斗。

建安十三年（208年）冬，孙权与刘备结成联盟，大破曹操强劲兵马于赤壁（今湖北省赤壁市西北），魏、蜀、吴鼎足三分的局面基本形成。此后三方的关系，曹刘两家始终是势不两立的敌人，独有孙权是周旋于其余两方之间，时而联刘抗曹，时而亲曹击刘，把那纵横捭阖的手段玩得淋漓尽致。孙权在这方面的功夫，莫要说曹丕难望其项背，就是曹丕的老父曹操，也只能和他打个平手。何以见得？请看以下的事实。

四年前，也就是建安二十二年（217年）的春天，和曹操在淮南鏖战了十年之久的孙权，忽然派遣特使，向曹操呈送了一封措辞极其谦恭的奏章，表示从此归顺称臣，并且还贡献了一大批南方的珍奇宝物。曹操很高兴，也遣使回报，甚至还提议两家联姻，进一步密切关系。孙权把北面的曹操稳住之后，暗中迅速备战。两年之后，他就在西线发动大规模的突袭，一举擒杀关羽，夺得荆州，从而把自己的地盘扩张了将近一倍之多。曹操眼睁睁地看着孙权独吞了荆楚这一大块肥肉，却把他奈何不得。

忽悠了父亲又来忽悠儿子，如今孙权又要向曹丕大灌迷魂汤了。我们且看儿子的表现与其父相比究竟如何。

　　黄初二年（221年）秋八月的一天，天朗气清，烟凝山紫，在洛阳城南的官道上，一队车马匆匆向北而来。他们进入高大的宣阳门，穿过繁华的铜驼街，最后来到皇宫的正南门——承明门下。沿途之上，他们与众不大相同的衣着，奇奇怪怪的口音，都惹得洛阳城中不少的居民驻足相望。少数消息灵通人士一看就知道，这是孙权从建业（今江苏省南京市）派来朝贺皇帝受禅登基的使团到了。

　　孙权何以要在这时派人向曹丕致以崇高的敬意呢？说穿了，是为了缓和北面的压力，以便专力对付西面刘备的大举反攻。新登位才四个月的蜀汉皇帝刘备，此刻正统领雄兵五万余众，顺流东下长江，发誓要为关羽复仇。其前锋已经突破孙吴的江防重镇巫县和秭归（今重庆市巫山县、湖北省秭归县），距离三峡的东峡口只有一百里左右。孙权见刘备来势汹汹，必欲吞灭自己而后快，也就横下心来与这位过去的妹夫决一雌雄。为了避免两面受敌，他玩出以往的招数，一面派遣大将陆逊，统率精兵五万迎战刘备，一面设法稳住曹丕，不让曹丕前来趁火打劫。

　　那么如何才能稳住北方的曹丕呢？孙权早已通过多种渠道，了解到曹丕的特性。此人年岁不大，从政经验尚少，但是又有文人喜欢夸饰的毛病，喜听赞歌，厌闻忠言。此外，他还特别喜欢收藏玩赏金玉珍宝。于是，孙权打定主意投其所好，以达到自己的目的。江东使团的到来，其背景即是如此。

正在为自己如何能在国际舞台上显露一手而冥思苦想的曹丕，听说江东的朝觐使团在宫外等候召见，不禁大喜，心想自己的大好机会来了。于是他立刻传旨：在建始殿接见孙权来使。

曹丕定都洛阳之后，立即着手修复东汉皇宫。然而汉宫规模巨大，全面修复一时难以办到，所以先修复了汉宫的北宫部分，而建始殿即是北宫的主殿。当江东的使臣络绎进入宏伟的殿堂时，皇帝和陪同接见的魏国公卿都正襟危坐，气氛极为庄严肃穆。

使臣们跪拜如仪，然后恭恭敬敬呈上孙权的表章。表章中把曹氏父子着实恭维吹捧了一番，又特别向新皇帝曹丕，表示臣服效忠誓死不渝之意。其情感之深挚，文辞之华美，令曹丕看了不由得心中发热，头脑发昏。去年十月间帝位禅代之际，群臣所呈上的歌功颂德文章累牍连篇，把曹丕说得来天上有地下无，他读了也没有获得现时这样的快感。道理很简单，他知道那全是在自己授意之下演出来的把戏。正是俗语所言的"老王卖瓜，自卖自夸"。可是眼前这一通表章，却是千里外的孙权，自觉自愿主动献上来的。孙权是什么人？割据荆、扬、交三州二十余郡的小霸王是也。就连当初父王在世，也要赞叹他一声"生子当如孙仲谋"。今天孙仲谋却主动向自己表忠心，献诚款，足见新皇帝功德巍巍，这怎么能不使曹丕得意洋洋呢？

接下来，使臣又献上了一大批珍贵的贡品，海贝、明珠、珊瑚、犀角、象牙、孔雀、翠鸟，种种中原罕见之物摆满了殿堂，一片宝气珠光，把生性喜爱奇珍异宝的曹丕看得来眉开眼笑，乐不可支。

最后，使臣又呈上一份特殊的"礼品"——曹军归队将领的名单。原来，前年秋天蜀将关羽从荆州大举北进，在樊城（今湖北省襄阳市樊城区）引汉水以攻曹营，大破七军，生擒樊城守军主将于禁，以及其麾下将领多人。不久，孙权袭杀关羽，夺得荆州，这批俘虏又成为孙权的战利品。这次使臣北上，孙权遂将全部被俘的将士归还曹丕，以表示臣服的诚意。此刻使臣所呈上的，即是归还人员名单，而于禁等人尚在馆驿候命。

使臣献礼既毕，皇帝慰勉有加，以下尚有赐宴等官样文章，也无须细说。

此后许多天，曹丕的精神一直处于亢奋状态。他不停地思索这样一个问题：应当给孙权以什么奖赏，才能酬答其诚心美意，并且又能够显示出自己的伟大和圣明呢？经过反复考虑，他决定晋封孙权的爵位为"吴王"，官拜大将军。当此之时，曹魏的宗室近亲，最高的爵位也仅是公爵一等，要到下一年，即黄初三年（222年），最高爵位才提高到了王爵。异姓的孙权能在这时，受封比宗室近亲还高一级的王爵，这不但足以表明皇帝对孙权之厚重恩泽，而且也充分显示出皇帝气度之恢宏。更为重要者，孙权割据三州，有霸业之实，却始终不敢自行称王；如今要从曹魏皇朝讨得封号才算正了名分，这就等于是向四海之内宣布：在当今鼎峙的三方之中，唯有曹氏一家，才算得上正统攸归，刘备那个自封的皇帝，不过是野狐禅而已。总之，曹丕认为此举将会给自己带来很大的政治利益，是一手绝妙的高招，于是便提出来和公卿大臣商量。

其实商量不过是走走过场，公卿大臣都摸到了新皇帝的脾气，所以众口一词，称赞皇帝的想法实在是英明之至。但是，也有一位大臣站出来唱反调，此人便是侍中刘晔。

刘晔，字子扬，乃扬州淮南郡成德县（今安徽省肥西县北）人氏。其人虽然有点喜欢故意标新立异，然而确实善识机变，智计无穷。他首先针对是否应当接受孙权投诚发表意见，他说："孙权无故求降，必然是遇上了紧急情况。前不久孙权袭杀关羽，刘备定会兴兵报仇。孙权面临强寇，又恐我乘机讨伐江东，所以才遣使入贡。而今天下三分，吴、蜀各保一隅，两方如能阻山依水，彼此救援，或可苟延残喘。现在两方交恶，大动干戈，这是上天有意要使其灭亡。我们应当立即调集大军，径直渡江进攻江东的腹地。蜀攻其外，我袭其内，则江东之亡指日可待。吴亡则蜀孤，进而取之，易如反掌。统一天下，正在此时！"

曹丕若有所动，但又说道："吴人远来投诚却反受攻伐，将使天下有心来归者寒心，这万万使不得！朕之意可受吴降，而以重兵袭击蜀军后背，不是也能收取渔人之利么？"

刘晔立即回答："蜀地较吴地为远。我军尚未攻入蜀之腹地，刘备即会在东线停止进军，抽调主力回援，而吴人则将作壁上观。这样一来，我军很可能劳而无功。相反，攻吴不仅路途近捷，而且因刘备志在复仇，江东即使得知我军南下，亦不可能从西线脱身；而刘备则将大喜过望，加速进军。事情很明显，欲收渔人之利，只有攻吴这唯一的办法。"

刘晔的分析确实是透辟之至。不过，正是因为太透辟了，曹丕反而不能接受，否则便显示出自己的算度不深，智商不够。刘晔见皇帝执意接受投诚，便把话锋一转，改论赐封王爵的问题，他说："孙权虽有雄才，但他以往的官爵，不过是故汉的骠骑将军、南昌侯而已。现今因形势所迫，前来投诚，如不得已而接受，那么在官职上升他为大将军、封爵上赏他十万户侯也就足矣，绝不可马上赐封王爵。因为王位距天子之位只有一阶，称王即可名正言顺建立朝廷，确立与下属的君臣关系，这对孙权而言真是如虎添翼。今后如要兴兵讨伐，恐怕困难就更大了。"

尽管刘晔说得头头是道，曹丕就是不改初衷。不久，曹丕的特使太常卿邢贞，即率领封拜使团直奔江南去了。

处理完有关孙吴的公务，曹丕即传旨召见于禁等归队的曹魏将领。

于禁，字文则，系兖州泰山郡钜平县（今山东省泰安市南）人氏。其人作战勇猛，威震三军。在异姓将领中，他与张辽、乐进、张郃、徐晃，并称曹军的异姓五虎上将。可惜这员名将，自从举手投降关羽之后便倒了虎威。两年的俘虏生活，使他"须发皓白，形容憔悴"，判若两人，足见其内心之痛苦。其实，自汉末群雄割据以来，临阵不利因而改投新主之将军多的是。即以上面所提到的曹军异姓五虎上将而论，名列首位的张辽，原本是吕布的下属；而张郃，起初则是袁绍的部将。于禁投降之后，并未替关羽和孙权效力，内心又痛苦不堪，足见他是心存故主的。而今他白发苍苍归来，曹丕要么重新起用，要么追究论罪，都是正常的处置。然而曹丕的所作所为，又是独树一格的文人皇帝做派。他见到涕泣横流伏地顿首不止的于禁，立即好言抚慰一番，并且下了一道制书，文曰：

> 昔荀林父败绩于邲，孟明丧师于殽，秦、晋不替，使复其位。其后晋获狄土，秦霸西戎。区区小国，犹尚若斯，而况万乘乎！樊城之败，水灾暴至，非战之咎，其复禁等官。

大意是说，春秋时期的晋国将领荀林父，在邲这个地方打过败仗；秦国将领孟明视，在殽这个地方打过败仗：然而两国的君主都没有追究他们的过错，而是让他们官复原职。结果后来荀林父为晋国攻占狄族的土地，孟明视使秦国称霸西方。小国君主都能如此，何况我是万乘天子呢？以往樊城失败，原因在水灾突发，不是作战的问题，所以现在我宣布恢复于禁等人的职务。

于是，于禁任职安远将军，并且按照曹丕的指示，前往邺城拜谒曹操的陵墓。

枯木逢春，于禁满怀感激之情离开洛阳。与此同时，曹丕早已密令画工，在曹操陵园的庙屋墙壁上，绘制了一幅大壁画。壁画再现了蜀将关羽水淹七军的情景。其中，于禁跪地投降，于禁部将庞德宁死不屈这两个场面，尤其突出和生动。于禁到达陵园后一看，脸色顿时大变，他才知道皇上有意要在先帝灵前来羞辱自己。不数日，这位百战老将便"暴病"而亡。

曹丕收拾于禁算得上是游刃有余，可是对付起孙权来，便显得棋低一着了。邢贞到了江东，孙吴群臣听说曹丕要赐封自家的主公为吴王，纷纷表示反对。理由很简单，大汉将军受了曹丕的官爵，岂非承认魏是天下正统了么？然而孙权的行事，与曹丕大不相同，他重视的是实利，而不是虚名。当下他对群臣说道："当初汉高祖亦曾受项羽之封爵为汉王，这都是一种权变之策，又有什么实际的损害呢！"

于是孙权欣然受命为吴王，又遣能言善辩的中大夫赵咨，专程赴洛阳陈谢。此后的大半年中，魏、吴两方的使者，不断来往于洛阳与建业之间。每一次吴使来洛阳，必定带来一封措辞谦恭的上表和大批珍稀的贡品。但是，唯独对于曹丕的一项要求，即要求孙权把王太子孙登，送到洛阳来作人质，孙权想尽一切理由加以推托拖延，始终没有照办。

转眼便到了第二年的夏天。黄初三年（222 年）闰六月，吴军主帅陆逊火烧连营，大破蜀军于夷陵的猇亭（今湖北省宜昌市猇亭区）。刘备仓皇逃遁，不久病死于永安（今重庆市奉节县）。至此，孙吴西方的威胁彻底解除，屈身忍辱大半年的孙权，终于获得策略上的巨大成功。到了这时，孙权仍然没有忘记扮演自己的角色。他派遣特使到洛阳，向皇帝呈献所缴获的各种战利品，还请求给予各级将士以封赏。

吴使的到来，令曹丕兴奋不已。原来，当他听说刘备在夷陵一线建立连营数百里时，就对群臣说道："刘备简直不知兵法，岂有立营七百里来迎战敌军的呢？兵书中早就说是'苞原隰险阻而为军者，为敌所擒'，此乃兵家大忌。孙权报捷的文书就要到了！"

果然，七天之后，孙吴的特使即赶到了。朝廷群公，无不赞颂陛下之远见卓识，料事如神。正在兴头上的曹丕，重赏来使不说，又令吴使给孙权带回一批御赐之物。其中，有名贵的罽子裘、明光铠、塞外宝马，还有写在白绢上的曹丕得意之作，包括《典论》、诗、赋等多篇作品。

吴使高高兴兴回转江东。临行之际，曹丕派人来传话：皇帝希望吴王立即把太子送至洛阳，不能再有拖延。吴使满口应承，可是走了之后再无回音。

深秋九月来临，曹丕发觉苗头似乎不对，便派出侍中辛毗、尚书桓阶二人前往江东，索要孙权的太子孙登作"任子"。所谓"任子"或"质子"，即是订立盟约的某一方，为了表示诚意而送到对方的人质，一般都是自己的嫡长子。曹丕这一回是不见人不罢休，已经度过难关的孙权也就不再客气，马上宣布辛毗、桓阶为不受欢迎的人，拒绝他们入境。辛、桓二人无可奈何，只得回转洛阳。

到了这时，曹丕才意识到自己受了孙仲谋的愚弄，不禁勃然大怒。立即下诏：曹休、张辽、臧霸三将，取道淮南的洞口（今安徽省和县南）；曹仁取道淮南的濡须（今安徽省无为市东南）；曹真、夏侯尚、张郃、徐晃四将，取道荆州的南郡（治所在今湖北省荆州市江陵区），三路大军联合进攻江南。孙权也早有准备，分遣麾下诸将凭江拒守；同时，又自定年号"黄武"，抛弃魏帝的"黄初"年号，以示彻底脱离曹魏而独立。曹军在长江一线猛攻数月，始终未能跨越天堑突入孙吴的腹地。次年三月，曹军师老意疲，已成强弩之末。曹丕无可奈何，只好传令全线撤军。一场比经验、比见识、比忍耐的政治较量，即以曹丕的劳而无功为结束，这正是：

殷殷厚意封王爵，却被江东骗一回。

要想知道接下来的曹丕，又会怎样将矛头对准自己的同胞老弟身上，请看下文分解。

第十九章
萁豆相煎

南朝刘义庆《世说新语·文学篇》记载了如下一个生动故事：曹丕曾经命令其同胞老弟曹植，要在行走七步的短促时间之内作诗一首，如果作不出来就要砍掉脑袋。曹植应声即朗诵道：

煮豆持作羹，漉菽以为汁。

萁在釜下燃，豆在釜中泣。

本自同根生，相煎何太急。

曹丕听了，"深有惭色"，即很觉得惭愧。于是，便有了"七步成诗"和"萁豆相煎"的著名成语流传后世。

后世有人怀疑这个故事的真实性。其实，真正值得怀疑者，是曹丕做了同根相煎的事情后，可不可能深深感到惭愧，因为收拾老弟之心，他不仅早就存在，而且在称帝之后不久，就实实在在付诸行动了。

曹丕一心要收拾曹植，除了过去的宿怨未消之外，还有新的原因。

建安二十五年（220 年）二月二十一日丁卯，曹操遗体安葬入土。几天之后，新魏王曹丕即把曹氏诸侯十余人，全部遣送到各自的封国。就这样曹丕也还不放心，又在诸侯的封国内新设置两种官员——监国谒者和侯国防辅，用以监视和限制诸侯的所作所为。一有越轨之事，监国谒者和侯国防辅马上向魏王密报。诸侯未经允许，不能擅至邺都，更不许相互串联来往。郊游打猎，不准越过方圆三十里的禁区。这一切，把曹氏诸侯弄得来犹如服刑的犯人一般，以至于"皆思为布衣而不能得"。生性喜欢无拘无束自由自在的曹植，陡然面临如此严厉的管制，其愤懑，其痛苦，自是可想而知。谁想"屋漏偏遭连夜雨"，曹植到达封地临菑县（今山东省淄博市）后，还不到两个月，他那八个月的女儿，名叫行女，便生病夭亡。前年他就失去了半岁的头胎女儿金瓠，现在又失去金瓠的妹妹行女，"三年之中，二子频丧"，于是在他本已不堪重负的心灵上，又压上了一重悲哀。他曾在一篇名叫《释愁文》的文章中，描述自己是"予以愁惨，行吟路边，形容枯悴，忧心如焚"。

十一月初，兄长代汉受禅的喜讯传来了。曹植赶忙写了一篇情辞并茂的庆贺表章，备了一份厚礼，派人专程送给皇帝。做完这一切，他百感交集。兄长此时是冕旒在身，威加四海，何等荣耀！而自己却是厄运当顶，形同囚徒，又是何等凄凉！何况太子的位置，本该归自己所有。如果当初自己不失掉父亲的欢心，现今的新皇帝舍我其谁？失望和悔恨又来啮咬他那破碎的心，曹植终于忍不住而号啕大哭。

两天之后，临菑侯国的监国谒者和侯国防辅，就联名向皇帝呈送了一份秘密报告，说是临菑侯曹植听到陛下代汉受禅，深为汉家的气运终结而悲伤，以至于痛哭不止。正在兴头上的新皇帝曹丕，看到报告后不禁气得咬牙切齿。他也不派人核实是否确有其事，便认定这是老弟对自己称帝心怀不满。旧恨又加新仇，他顿时心起杀机。不过，曹丕并未马上动手，这一来是因为他刚刚登基，不愿让兄弟的鲜血冲淡了喜庆气氛；二来是因为，他还要在一个最有能力阻止他动手的人身上，努力下些功夫。此人是谁？永寿宫中的皇太后卞氏是也。

卞太后所生凡四子，依次为丕、彰、植、熊。曹熊早死，所以曹植实际上是卞太后的小儿子，也就是民间所谓的"幺儿"。俗语云："皇帝爱长子，百姓爱幺儿。"卞氏太后生于低贱的倡家，大富大贵之后也不改庶民之性，所以最为钟爱曹植这个幺儿。尤其是在曹丕继位不久就对亡父侍妾有非礼之举后，卞太后对孝顺体贴的曹植更加喜欢。曹丕深知，要除掉小兄弟，必须先把老母的工作做好，否则这洛阳皇宫将会闹得天翻地覆，到头来目的达不到不说，反而损害了自己的光辉形象。

老母的工作如何做呢？她本人是富贵已极，锦上再添花，所起作用必定不大。想来想去，曹丕觉得有一条路可走，即是给老母的娘家厚施恩泽。

卞氏早失父母，与幼弟卞秉相依为命。自从嫁了曹操，卞氏一直把小弟带在身边，给以无微不至的照顾。卞秉成人之后，曹操只给他一个别部司马的低级军职。卞氏很不满意，常在曹操面前抱怨。曹操知道内弟的才干有限，所以拒不授予高官。卞氏无奈，便请求丈夫赏赐老弟财物，曹操却说："你经常悄悄给他钱帛，难道还不够么？"结果是曹操在世时，卞秉既未升官也未发财，这是卞太后最为不满之事。曹丕现在就准备把老母的憾恨好好弥补起来，以求减少将来行事时的阻力。

于是曹丕下诏：升任卞秉为昭烈将军，封都乡侯；卞秉之子卞兰，任奉车都尉。同时，又令负责宫廷建筑的将作大匠，为卞秉修建一座富丽宏敞的新住宅。至于金银布帛之类的赏赐，更是不计其数。曹丕本来还想追封卞太后的父母，因有的大臣认为不合礼制这才作罢。曹丕这一手，确实赢得了老母的欢心。在卞氏乔迁新居那一天，卞太后御驾亲临，主持家宴遍请亲属。酒酣耳热之际，众人纷纷颂扬太后福寿齐臻，赞美皇上仁孝无比，祝贺卞氏家族日益昌盛，把卞太后乐得眉开眼笑。曹丕见火候已到，便暗中等待，准备动手。

黄初二年（221年）夏季的一天，气候闷热异常。曹植独坐无聊，只好借酒浇愁。几杯浊酒下肚，心情愈加烦躁。一年多来，这种只准规规矩矩不许乱说乱动的囚徒生活，实在令他难以忍受。他想：同为先王的血脉，为何兄长就能那么自在逍遥呢？大富大贵我可以不要，这人身自由总该有嘛！古往今来，又有哪朝哪代的君主，是这样对待宗室近亲的呢？他越想越气，越想越不平，突然一个念头闪过——你不给我自由，今天我偏偏要自由一番，看你又奈我何！当下他借助酒劲跨上马背，带了十来个侍从便出了府邸，意欲出城尽兴驰骋。谁知刚出府宅大门，监国谒者灌均，即在路中阻挡，不准前行。曹植最恨这个仗势欺人的灌均，于是一言不发，扬鞭催马，径直向灌均冲去。两名侍从见要出事，赶忙跑上前去拉住马缰。曹植前进不得，愤然下马回府，继续喝他的闷酒去了。

这一边的灌均，心里却高兴得了不得。皇上早已下了密旨，要自己严厉监视临菑侯的一举一动，随时报告。今天临菑侯私自外出，又还胆敢冲撞监国使者，报告就有内容可写了，向皇上邀功，正在此时。于是，他大加渲染，写成一份足以置曹植于死地的奏章，星夜送往洛阳。

曹丕接到灌均的弹劾奏章，不露声色地批示了四个大字"下三公议"，意思是请太尉、司徒、司空这三位朝廷重臣合议如何处置。他自己不表示态度，让政坛元老们来评判，这是预先就想好了的步骤。

此时，曹魏皇朝的三公是太尉贾诩、司徒华歆和司空王朗。贾诩和王朗二人，在当初曹氏兄弟争夺太子位置时，就是曹丕的坚定支持者；如今得到曹丕的厚报，位登三公，爵至列侯，当然更不会为曹植说话了。至于华歆，其人乃是一个道貌岸然的伪君子，拍马有术的大行家。他自来以品行高洁自诩，但是建安十九年（214年）十一月，曹操下令杀死汉献帝的伏皇后时，领兵入宫抓人行刑的就是他。那一天，华歆命人打破房间的夹壁，亲自动手，把披发赤足藏在夹壁墙中的大汉皇后提拉出来。那神态之凶恶，动作之野蛮，连旁侧的汉献帝也吓得半死。然而在曹丕受禅之际，他又装得很为汉朝气运终结而痛惜不已的样子。曹丕对他的表现感到不解，尚书陈群马上解释说："臣与歆曾为汉臣，故而心虽悦喜，但是外表上不能不对前朝的终结表示伤感；再说也担心陛下会讨厌过分高兴的前朝旧臣啊。"这几句话说得曹丕心花怒放，从此对华歆给以青睐。此种故意表现得与常人不同，以便引起人主的注意，进而讨得特殊恩宠的阿谀奉承者，即是史书上所谓的"巧佞"。而今曹丕把弹劾奏章交给这三位大老评判，可以说比曹丕自己评判还要来得厉害了。

经过数次紧急会商，三公共同拟就了一通义正词严的奏议，其大致意思是：临菑侯植，醉酒悖慢，劫胁使者，违背典制，辜负圣恩，罪过深重；建议由监国使者护送来京城，交有关机构处置。

这通奏议，把曹植违犯典宪的事实大说特说，至于送他来京后如何处置，定什么罪，判什么刑等，都没有明言，含糊其辞几句带过而已。其中奥妙何在，看了下文即会明白。

曹丕收到三公的奏议之后，立即把奏议连同弹劾表章，交给一位早已物色好的信使，送到卞太后永寿宫请皇太后定夺。这位信使不是别人，即是卞太后兄弟卞秉之子卞兰。

卞兰被选中来担任这一特殊使命不是偶然的。首先，卞兰与表兄曹丕的关系一直非常亲密。当初曹丕一登上太子之位，卞兰即献了一篇赋给曹丕，颂扬其德行之美，曹丕很是高兴。现在曹丕又对卞氏舅家大施恩泽，卞兰本人也荣任奉车都尉的近侍显职，卞兰对曹丕的忠心自然又加深一层。曹丕知道，只要自己略微暗示意图，卞兰即会想方设法去完成使命。其次，卞兰又是卞太后最为宠爱的娘家侄儿，他的话对她很起作用。基于这两点，曹丕就选中卞兰，让他充当自己的信使兼说客。

卞兰果然不负曹丕的期望。他把弹劾奏章和三公奏议，读给不甚识字的卞太后听了之后，又进行解释，该说的地方多说，不便说的地方少说。卞太后近来对曹丕印象颇佳，又误以为召曹植来京之后，至多不过严厉教训他一番，趁此机会还可以和分别一年多的小儿子见上一面，于是对卞兰说道："我没有想到此儿竟然有如此作为，你回去告诉皇帝，不可因为我而破坏国法。"

皇太后懿旨传回，曹丕喜不自胜。他立即派出急使，赶赴临菑，押送曹植进京候审。接下来他又暗中授意有关官员，准备一旦开审就要问成死罪。一切正在按照他的既定计划进行，曹丕不禁暗自得意非凡。

过了一阵，不知是卞太后自己意识到事情苗头不对，还是受到了他人的点醒，总而言之她突然改变了态度。她把曹丕召到永寿宫，一面痛哭，一面责备曹丕居心不良，定要置同胞老弟于死地。最后，她耍出了自己的杀手铜，声言子建儿如有三长两短，她就死在皇帝的面前。

曹丕装出一副恭听训示的模样，心里却在不停地盘算。他明白，这次要置兄弟于死地是不可能的了。不仅这次不可能，今后只要老母在世也不可能。他不怕母亲的眼泪，也不怕母亲的训斥，唯独怕母亲以死相威胁。逼死生母，这可是担当不起的大恶名。好罢，暂时饶了他，等母亲眼睛闭了再和他算账。主意打定，曹丕便向卞太后慢慢解释，说是此番召子建来京，也不过是要教育教育他而已；大魏新有天下，各项制度不断建立，如果宗室近亲违犯典宪而不受处分，又何以能使天下人奉公守法呢？子建酒后违制，自己本想不予追究，然而朝廷群公的评议，理端辞切，又怎么能置之不理呢？既然母后关心，那么我保证不向子建问罪就是；不过对他也要小有惩戒才说得过去，例如贬低爵位之类，不知母后以为如何呢？

卞太后的本意是：只要你不杀曹植，其余的处分都可以考虑。如今皇帝答应不向老弟问罪，子建的性命就保住了。目的达到，她也给皇帝一个面子，同意贬爵以示惩戒。一场风波，便以母子俱作让步而结束。

回宫之后，曹丕援笔写下一通简短的诏书，文曰：

> 植，朕之同母弟。朕于天下无所不容，而况植乎？骨肉之亲，舍而不诛，其改封植。

诏文虽短，含意却耐人寻味。你曹植所犯的罪过是完全够得上诛杀的，不杀你是因为当兄长的气度弘大，法外施恩。这样一来，曹丕既显示出自己的仁德，又还为日后向曹植算账埋下了伏笔，其用心真是深细之至。

次日，一队人马从洛阳向临菑方向驰去。他们是皇帝的特使，随身带着皇帝的诏书，以及将要授给曹植的安乡侯玺绶。前面曾经说过，汉魏封爵制度中，作为列侯一级，依封地的大小，又可分为县侯、乡侯、亭侯三种。当时的地方行政系统，分州、郡、县、乡、亭五级。封地为县者即县侯，封地为乡者即乡侯，封地为亭者即亭侯。这安乡，当是临菑县下的一乡。曹植由食邑万户的临菑县侯，贬为食邑不足千户的安乡侯，爵位上虽然只降一级，但是因为封地缩小，民户数量减少，从封地民户身上获得的租税收入那就少得多了。

三天光景，特使来到兖州东郡燕县境内的黄河渡口延津（今河南省延津县北），正好与押送曹植进京的前一批使臣相遇。此地东距临菑将近千里之遥，西距洛阳却只有四百里。后一批使臣向曹植宣旨，授予安乡侯玺绶之后，立即返回洛阳复命。而曹植则在延津暂驻，等候皇帝下一步的指示到达后再决定自己的行止。

回洛阳复命的特使，向皇帝报告了授封的详细情况，同时呈上了曹植的谢恩表章。皇帝面无表情，展卷览表，只见上面写道：

> 臣抱罪即道，忧惶恐怖，不知刑罪当所限齐。陛下哀愍臣身，不听有司所执，待之过厚。即日于延津受安乡侯印绶。奉诏之日，且惧且悲。惧于不修，始违宪法；悲于不慎，速此贬退。上增陛下垂念，下遗太后见忧。臣自知罪深责重，受恩无量，精魂飞散，忘躯殒命。

看完这封辞旨哀切、措辞卑恭的表文，曹丕矜持地一笑，他好像清清楚楚看到了曹植那风尘仆仆又累又怕的可怜模样。又过了一段时间，他估计把曹植丢在小小的延津古渡口受罪已经受够了，这才下诏改封曹植为鄄城县侯，下令立即就国。

这鄄城（今山东省鄄城县北）是兖州东郡的属县，位于延津以东约三百里。曹植由乡侯又升为县侯，在外人看来，这真是皇恩浩荡的大好证明。其实，皇帝心中却是另有算计。

原来，东郡太守王机，是一个最能领会并且最善贯彻上司意图的鹰犬型官僚。把曹植放到东郡的属县鄄城后，即会受到比在临菑时更加严格的监视和看管。将来只要需要，随时都可以开列出一长串曹植的罪名来。所以曹植改封鄄城，确实是像菽豆被置于豆萁之火上慢慢煎熬一般了。

大约在当年秋天，曹植来到鄄城。残酷的现实，使这位素来不拘形迹的自由派人物也谨小慎微起来。他把当初监国谒者灌均弹劾自己的表章，三公的评议，以及皇帝所下的改封诏书，全部亲手抄写之后置于座旁，"朝夕讽咏，以自警诫"。至于平常的一言一行，亦特别注意不违法度。他又把曹操在世时赏赐给自己的宝物，诸如大宛紫骍宝马，以及白银雕鞍、明光铠甲等，先后贡献给皇帝。亏得他及早夹起尾巴做人，更亏得他的老母亲寿命长，死在曹丕之后，所以才高八斗的曹子建，才没有在皇兄的手上悲惨折磨致死。

同根所生的兄弟，为什么要这样萁豆相煎呢？这正是：

初无利害恩情重，利害当头反目仇。

要想知道曹丕做出收拾胞弟的恶行之后，接下来又做出甚么值得称颂的好事，请看下文分解。

第二十章

美好功业

公正而言，曹丕代汉称帝之后，也曾经完成了两项非常值得称颂，然而后世却不大注意和提起的美好功业，这就是对外交通上的重新开通西域，以及文化建设上的重大创新。

先说第一项，即重新开通西域。

古人所谓的"西域"，有广狭二义。狭义的西域，是指玉门关和阳关（分别在今甘肃省敦煌市西北和西南）以西，葱岭以东的大片地区。若论其面积，曹魏虽然据有东汉十三州部之中的九州，总面积的大小却未必比得上这狭义的西域。至于广义的西域，则是指凡是经过狭义西域之后所能到达的地区，包括现今亚洲的中部、西部、印度半岛，欧洲的东部和非洲的北部。曹丕所开通者，乃是狭义的西域。而中国古代史籍说到西域时，往往也是指狭义的西域，本书即是如此。

在魏文帝曹丕之前，中原皇朝与西域之间，曾经有过四通四绝的曲折历程。

西域之开通，始于汉武帝之时。具体完成这一丰功伟业者，是益州汉中郡成固县（今陕西省城固县）人张骞。张骞开通西域后，西域三十六国纷纷来归。汉朝设置西域都护府于乌垒城（今新疆维吾尔自治区轮台县东），领护诸国；又设戊己校尉，领兵屯田于车师前国。诸国之王、侯、将、相，佩带汉朝印绶者达三百七十多人。及至西汉末年王莽擅政，西域已分裂为五十余国。由于王莽施政无方，西域诸国先后怨叛，杀死汉使，投附匈奴。这是西域的一通一绝。

汉明帝永平十六年（73 年），朝廷派出大军北征匈奴，再通西域。西域诸国的国王皆遣王子"入侍"，即充当人质，实际上这就是前面提到的"质子"或"任子"。明帝死后，其子刘炟继位，是为章帝。此时西域的焉耆、龟兹、车师等国，先后起兵响应匈奴，反抗汉朝。章帝遂撤回西域都护与戊己校尉，又停止派驻屯田兵，西域复由匈奴控制。此为西域的二通二绝。

汉和帝永元三年（91年），在汉军大破匈奴的形势下，一直留在于阗国的汉将班超，以少数兵力平定西域，威震大漠。东汉皇朝遂以班超为西域都护，居于龟兹国的它乾城（今新疆维吾尔自治区拜城县东南）。又置戊己校尉于高昌（今新疆维吾尔自治区吐鲁番市东）。于是，西亚之条支（今伊拉克境内）、安息（今伊朗境内）诸国，络绎遣使来华；而东汉的使者甘英，亦远至西海（今波斯湾）之滨。和帝一死，西域又起兵反汉，北匈奴立即进入西域，控制诸国。这是西域的三通三绝。

汉安帝延光二年（123年），朝廷采纳敦煌太守张珰之策，派遣班超之子班勇为西域长史，率军平定了西域。桓帝之后，东汉国势日衰，西域诸国纷纷脱离汉朝节制。这是西域的四通四绝。

于是，第五次开通西域的历史使命，便落到了魏文帝曹丕的肩上。

在我们今天看来，开通西域的重要意义，在于打开了中国通向世界之西大门，也让世界看到了中国。通过这道向外开放的西大门，经济上便有丝绸之路通向罗马，文化上便有释迦佛法传入中国。仅此两端，即可充分证明，开通西域实实在在是中西关系史上头等重要的事件。但是，如果因此就认为，曹丕开通西域的目的，即是为了推行开放政策，使中国走向世界，那也是一种误会。秦始皇下令修筑的万里长城，是中华民族智慧和毅力的伟大象征，然而当初的第一目的，是在于防御匈奴的强势侵入。隋炀帝开始凿通的大运河，直到如今都还是南北航运的黄金通道，然而当初的第一目的，则在于方便这位皇帝到扬州（今江苏省扬州市）去玩乐。由此可见，一些后世看来具有某种重要意义的历史事物或事件，当初人们创造或实现它们时，却是另有目的。尽管如此，这些历史事物或事件的重要意义，并不会因当时另有目的而有所降低。

那么曹丕开通西域的目的究竟何在呢？原来，是为了巩固西北地区，特别是河西走廊一带的边境防务。

那时曹魏的西北边区，是卢水胡少数族武装力量活动频繁之地。他们骁勇善战，策马如飞，出没无常，给曹魏所属的河西走廊造成极大的威胁。如果河西走廊落入卢水胡之手，他们就可以联合北面的鲜卑，那么关陇地区即无安宁之日。有鉴于此，曹丕登基之后便立即着手经营河西。经营河西又不能不控御西域，否则河西的西侧即毫无屏障。曹丕的开通西域，正是在这样的战略考虑下付诸实现的。

建安二十五年（220年）五月，刚刚继承王位才四个月的曹丕，即下令重置凉州。此前的建安十八年（213年），曹操晋封魏公之前，曾将凉州并归雍州管辖。现在重新设置凉州，表明曹丕经营河西的第一步开始了。

当时的凉州，下辖金城、西平、武威、张掖、酒泉、敦煌、西海七个郡，州治设在武威郡的郡治姑臧（今甘肃省武威市）。曹丕重置凉州后，随即任命邹岐为刺史，辛机为酒泉郡（治所在今甘肃省酒泉市）太守，尹奉为敦煌郡（治所在今甘肃省敦煌市）太守。邹岐等人领命赴任，一心想要在安定河西上做出点成就报效魏王。不料他们刚一进入凉州界内，一场针对他们的动乱即突然爆发。

动乱的领头人物姓鞠名演，是西平郡（治所在今青海省西宁市）的一个地方实力派。此人长期盘踞于湟水流域，招兵买马，顾盼自雄。他听说朝廷重置凉州，又派遣一批官员进入河西，就敏感地意识到未来形势将会对自己不利。于是，他秘密联络了张掖郡（治所在今甘肃省张掖市）的张进、酒泉郡的黄华这两股地方势力，共同起兵反对邹岐等人进入凉州。张进把本郡太守杜通囚禁起来，黄华则不准新任太守辛机入境，而且张、黄二人都自称太守，发号施令。与此同时，在武威郡境内的胡人受到影响，也举兵进攻本郡的太守毌丘兴（毌丘为复姓，毌的读音同"贯"）。一时间，凉州七郡即有四个郡发动叛乱，河西走廊战火连天。

曹丕闻讯，急令镇守关中的雍州刺史张既，率军西进凉州。然而张既的兵马尚未与敌接战，叛军即已纷纷投降。这是怎么一回事呢？

原来，凉州出了两位忠于职守的干员，一位是金城郡（治所在今甘肃省兰州市）的太守苏则。另一位是敦煌郡的功曹史张恭。

金城郡位于凉州的东端，地当河西要冲。太守苏则，字文师，雍州右扶风武功县（今陕西省武功县）人氏。他不仅有治事之才，而且又久宦凉州，故而威风远振。当他听说四郡起兵叛乱，立即发兵驰援武威，以迅雷不及掩耳之势，击溃胡人军队。接着，又与武威太守毌丘兴合兵西上，进攻张掖郡叛军。这时，西平郡叛军首领鞠演率军三千，亦驰来张掖。他表面上说是要助攻张掖，实际上却是想从背后偷袭苏则、毌丘兴联军。苏则早已识破其奸心，便邀他赴会，诱而斩之。杀了鞠演，联军便开始猛攻张掖。张掖叛军首领张进支持不住，急忙向西面的酒泉叛军求援。

哪知道酒泉的叛军此时处境也不妙，因为敦煌郡忠于朝

廷的骑兵正从西面压来。敦煌郡位于凉州的西端。该郡太守
新近病死，郡务暂时由太守府的主要下属功曹史张恭主持。
张恭也是一位德才兼备的人物，他一面安抚地方，一面派遣
儿子张就，前往朝廷请求任命新太守。张就从长安回转敦煌
途中，路经酒泉，被酒泉叛军首领黄华抓住作为人质。黄华
以释放张就为条件，要挟张就之父张恭参加叛乱。张恭不顾
亲生儿子的安危，毅然率军进攻酒泉。这样一来，酒泉叛军
哪里还抽得出力量来增援张掖呢？

　　不久，联军攻破张掖，临阵斩杀张进。黄华孤立无援，
只好举手投降。至此，河西四郡的叛乱全部平定，充当人质
的张就也安然脱险。曹丕得报大喜，随即下诏重赏有功人员，
封张既为都乡侯、苏则为都亭侯、张恭为关内侯、毌丘兴为
高阳乡侯。邹岐等人遂先后顺利进入凉州，到任视事。

　　这一次平定河西，只是清除了汉族地方割据叛乱势力。
至于来自卢水胡人的威胁，还依然存在如故。一年半以后，
隐患终于爆发出来了。

　　黄初二年（221年）十月，凉州的卢水胡人，在酋长治元
多、伊健妓妾的率领下，大举起兵反魏，攻掠郡县，"河西大
扰"。此刻，干员苏则、毌丘兴，已经调入洛阳在朝廷任职，
而凉州刺史邹岐面对复杂局面竟然束手无策。一直关注河西

形势的曹丕，痛感寄托非人，于是当机立断，改派雍州刺史张既前往凉州，替代邹岐。

张既，字德容，乃雍州左冯翊高陵县（今陕西省西安市高陵区）人氏。其人出自寒微之家，完全凭借自身才干，从文书小吏逐步迁升，最后做到方面大员。曹丕深知张既能力是绰有余裕的，关键在于如何使其能力充分发挥，于是他特地下了一道手诏给张既，诏文曰：

> 昔贾复请击郾贼，光武笑曰："执金吾击郾，吾复何忧！"卿谋略过人，今则其时。以便宜从事，勿复先请。

诏文中提到的贾复，是协助东汉光武帝刘秀开基立业的云台二十八将之一，曾任京畿地区的治安长官——执金吾。他曾主动请求领兵出征，前去镇压郾县（今河南省漯河市郾城区）一带的武装叛乱，受到刘秀的赞赏。曹丕把张既比作是东汉的开国名将贾复，这对张既而言，当然具有莫大的鼓励作用。但是，更令张既感动的，还是"以便宜从事，勿复先请"九个字。这九个字赋予张既以处理凉州军务的全权，只要是他认为必须采取的行动，均可不经请示而径自付诸实施。须知曹魏军队自曹操时定下了一条规矩，大小行动，都要经过最高一级首脑即曹操批准后方可进行，统兵将领只能交叉双手等待指示，史称"诸将征伐……临事叉手为节度"。在此情况下，张既能够得到专断方面的特权，怎么会不以死来报答皇帝知遇之恩呢？

风起湟中，云横陇上。新任凉州刺史张既，领精兵五千，昼夜兼程，驰赴河西。十月下旬，兵马抵达位于凉州东端的金城郡属县榆中（今甘肃省榆中县）。这榆中城是凉州的东大门。由此继续向西前进，有两条道路通向河西走廊的下一个重镇姑臧（今甘肃省武威市）。通常人们会走右边的一条大道，即从榆中沿黄河南岸，向东北行二百里到达鹯阴口（今甘肃省靖远县），由此渡过黄河折向西北，再行六百里即到姑臧。另一条是左边的小道，即直接从榆中城北渡过黄河，取道揟次（今甘肃省武威市东南），行六百余里亦可抵达姑臧。张既率众抵达榆中之后，立即面临是否继续进军，以及从哪一条道路进军的困难选择。

此时，姑臧所在的武威郡，是卢水胡武装力量最为强大的地区。姑臧西北一百里处的显美城（今甘肃省永昌县东南），即是卢水胡的大本营。在显美一带，卢水胡有上万骑兵屯聚。另外，在鹯阴口又有七千铁骑扼守，阻止魏军西进。

相形之下，张既的五千兵马未免力量单薄了。因此，不少将领认为"兵少道险，未可深入"。但是，经过深思熟虑，张既决定趁胡骑集中扼守右面大道之际，出奇兵由左面小道直取姑臧。有了姑臧城池为凭借，进可攻，退可守，手中就掌握了主动之权。于是，他令少数兵马佯攻鹯阴口，吸引敌人注意；而自己则亲率主力，由小道潜往姑臧。结果是一举成功，不到十天，雍州刺史张既的旌旗，已经飘扬在姑臧城楼之上了。

此举令卢水胡惊骇不已，竟以为魏军有神人相助。而扼守鹯阴口的七千胡骑闻讯后，连忙撤军西归显美，以保卫大本营。张既在姑臧休整兵马数日，即拟进袭显美胡骑的主力。他先以三千精兵埋伏于显美东面险阻之地，然后以千余骑兵径向胡军营前挑战。胡军欺其人少，顿时涌出万余骑应战。两军刚一相交，魏军即佯装不敌，拨马回奔。胡军不知是计，一气东追数十里。正在人困马乏之际，忽然听得两旁战鼓齐鸣，杀声震天，三千魏军主力马队如海潮一般涌了上来。胡军连忙回头应战，在前面诱敌的千余健儿又在其后发起了进攻。这一战，魏军大获全胜，斩首生俘胡军万余人，摧毁对方显美大营一座，凉州卢水胡的武装力量就此瓦解。

捷报传到洛阳，曹丕大喜过望，立即派遣特使前往凉州，晋封张既为西乡侯，并特此下诏褒奖说：

> 卿逾河历险，以劳击逸，以寡胜众。……此勋非但破胡，乃永宁河右，使吾长无西顾之念矣！

意思是说，爱卿强渡黄河经历险境，以疲劳军队击溃保持了战斗力的敌军，以数量较少的兵马战胜兵力更多的贼寇。这一功勋不仅击破了卢水胡，而且使得河西地区得到永远的安定，使我从此不再担忧西边的局势了。

张既果然不负曹丕"永宁河右"之厚望。他乘武威大捷之势，又挥兵西进酒泉，收降当地少数族二万余户。大规模军事行动胜利结束之后，接着他又修筑边塞，设置烽火，整治道路，建造仓库，储备军资，把凉州军事防务建设得井井有条。经过这样一番努力，河西走廊的社会秩序完全安定，道路全线畅通，开通西域的条件终于成熟了。

黄初三年（222 年）二月，也就是张既平定凉州三个月后，西域的鄯善、龟兹、于阗诸国，一齐遣使来朝，并奉献大批西域的奇珍异宝。曹丕在下诏抚慰之际，又任命了魏朝的第一任西域戊己校尉。荣任此职者不是他人，即是曾经在前年平定凉州叛乱中有上佳表现的张恭。张恭在西域任职数年后，曹丕又令其子张就，继任戊己校尉。父子二人均能镇抚诸国，屏障凉州，其事迹几乎可以媲美东汉立功边陲的班超、班勇父子了。

暮春三月，柳绿桃红。魏朝西域戊己校尉张恭，率众西出玉门关，前往治所高昌。与中土隔绝了半个多世纪的西域，终于在魏文帝曹丕手里实现了第五次开通，从而在中西交流史上，书写了光彩灿烂的一页。

再说第二件功业，即文化建设上的重大创新。

大体在开通西域的同时，曹丕在文化建设上，也书写了光彩灿烂的篇章。具体的创新成就，主要有两个方面。

第一方面的创新，是图书的重聚。

图书，是社会知识的结晶，也是国家和民族在文化根脉上的具体展现，其重要性不言而喻。对于图书的态度如何，是否能够给予充分的尊重和爱护，无疑是对封建君主进行评价判断的重要指标。

在三国之前，中华的图书曾经遭遇到两次巨大的厄运。第一次是秦始皇的"焚书坑儒"，这大家都知道，不必多说。之后的两汉皇朝，先后都进行了图书的聚合与收藏。特别是西汉武帝之时，更是大力收集民间的图书，集中收藏在首都长安的宫廷，形成了中央的皇家图书馆。西汉后期，朝廷又指派具有丰厚文化修养的官员刘向及其儿子刘歆，对皇家藏书进行全面的清理和分类，此时的藏书数量，已经超过三万卷之多。东汉皇朝建立，光武帝刘秀以及接下来的明帝、章帝三代，也都重视收藏图书，首都洛阳的皇家图书馆，同样汇聚起大量藏书，而且委派了学者型文化官员班固、傅毅，对藏书进行全面的清理和分类。但是，东汉末年的董卓之乱，混世魔王董卓，胁迫汉献帝西迁长安，同时放火焚烧洛阳皇宫，皇家的珍贵藏书在这场大动乱中损失殆尽，这是中华图书遭遇的第二次大厄运。

曹丕代汉称帝之后，开始依靠曹魏皇朝强大的国家实力，重新聚合和收藏此前流散在民间各地的图书、典籍和文献，收到了很好的效果。这批重新聚合的图书、典籍和文献，分别被收藏在曹魏首都洛阳皇家图书馆的三处官方机构之中，使得一度遭受巨大创伤的中华文脉，得以重新接续和有效恢复，其意义十分重大。

同样具有创新光彩的是，曹魏还在重聚图书的整理当中，对于图书的大类划分，采用了一项影响深远的新型分类法，即"四部分类法"，可以简称为"四分法"。

在三国之前的两汉时期，皇家藏书采用的是一种"六略分类法"，可以简称为"六分法"。这种分类开始于西汉刘向、刘歆父子编撰的图书目录《七略》。书中包括七大部分，每一部分称之为"略"：一是辑略，二是六艺略，三是诸子略，四是诗赋略，五是兵书略，六是术数略，七是方技略。

其中开头的"辑略"，也称为"集略"，是对各种图书的扼要介绍，不属于具体的图书分类，所以虽然取名为《七略》，实际上大类的具体划分却只有六种。六种之中的"六艺"，是指儒家经典中的六种类别，包括《周易》《尚书》《诗经》《礼》《乐》《春秋》。其次的"诸子"，是指各种学术流派的著述。"诗赋"，是指诗歌（列入六艺的《诗经》在外）与辞赋的文学性作品。"兵书"，是指军事著作。"术数"，是指天文、历法、阴阳五行、占卜，以及对风水、面相、牲畜、物品的观测，大多是与数字计算有关的神秘性方法，故名。"方技"，是指医学、房中术、神仙修炼等专门性技艺。

后来班固编撰的《汉书·艺文志》，是我国纪传体史书中出现的第一部图书目录，他只采用了《七略》后面的六略，也属于刘向、刘歆父子所开创的"六分法"。

曹丕发动了图书的重聚之后，又委派了一位很有创新精神的文化型官员，也就是秘书郎郑默，来对皇家图书重新进行整理和分类。郑默，字思玄，河南尹开封县（今河南开封市）人氏，出身于东汉著名的文化世家。他采用一种全新的"四部分类法"，即先将图书分成甲乙丙丁四个大的部类，然后再细分其下的各种分支类别，并将所完成的藏书目录，定出一个新的命名，叫作《中经》，意思是皇宫之中所收藏的经典性图书。不久，西晋皇朝取代曹魏，依旧建都洛阳，曹魏的皇家图书馆被和平接管。晋武帝又委派大臣荀勖，依据郑默《中经》所确定的"四部分类法"，来对西晋皇家图书进行编目，定名为《中经新簿》，也就是新版的《中经》。那么郑默所开创的这种"四分法"，其四大部类的具体内容怎么划分呢？《隋书·经籍志》中有如下清晰的记载：

> 一曰甲部，纪六艺及小学等书；二曰乙部，有古诸子家、近世子家、兵书、兵家、术数；三曰丙部，有史记、旧事、皇览簿、杂事；四曰丁部，有诗赋、图赞、汲冢书。

其中的甲部，是儒家经典类的图书，包括此前"六分法"中的六艺，以及专门研究文字音韵的著作，即所谓的"小学"，这是深入学习儒家经典的基础。

乙部是诸子百家类的图书，包括古代的诸子，近代的诸子，"六分法"中的兵书、术数，以及特别列出的"兵家"。"兵书"应当是指实用性的兵法，"兵家"应当是指理论性的军事研究著作。

丙部是史学著述的图书，包括后面将要介绍的类书《皇览》。

丁部是各种文集类的图书，包括"六分法"中的诗赋、图画，以及下面将要介绍的汲冢书。

由此可见，后世沿用的经史子集四大部类，在此时已经奠定了雏形，仅仅顺序是经子史集，稍有不同而已。

对比此前汉代的"六分法"，郑默首创的"四分法"，最为突出的创新特色在于，一级大部类的数量得到了合理的精简，但又新设置了史部一类，以及涵盖面很广的集部，这就使得读者更容易入门，管理人员更容易操作。因为"六分法"的六大部类，全部都是按照图书具体的内容性质来划分，每一类都有严格的界定。但是，知识是不断更新的，图书的新品种也会随之涌现，一旦出现了超出上面六大部类的图书新品种，如何归类就成了棘手的问题。

比如，东汉以来，史学著述不断增加，而原来的"六分法"，因为史书数量不多，就勉强把史书放在"六艺略"中的

《春秋》这一小类之下，司马迁的《史记》就是如此归类的。如果现今再把大量的史书这样归类，而这些史书，比如东汉史书《东观汉记》，其内容又与《春秋》根本没有甚么关系，就显得很不妥当了。

再比如，西晋武帝年间，汲郡（治所在今河南新乡市东北）有人盗掘先秦时魏国君主的古墓，发现大量竹简篆书记录的多种古代文献，即上面所说的《汲冢书》。新出土的多种文献，又该如何归类？"六分法"中任何一类都不与之挨边，这就非常尴尬了。

"四分法"则不然，《东观汉记》放到史部，"汲冢书"放到涵盖面很广的集部，一下子就都把上面的问题解决了。

此时"四分法"的经史子集排列顺序，后来经过调整而定型为经史子集。到了唐代编撰《隋书·经籍志》时，就完全是经史子集的排列分类，从此流传后世上千年，直到明清。清代编撰《四库全书》，乾隆皇帝就特别要求按照《隋书·经籍志》的分类来执行。

曹丕亲自写的《自叙》中，曾回忆自己的学习情况说：

> 余是以少诵诗、论，及长而备历五经、四部，
> 《史》《汉》、诸子百家之言，靡不毕览。

说是我在少年时就诵读了《诗经》《论语》，长大之后更是遍读五经、四部的书籍，《史记》《汉书》和诸子百家，没有哪一种不全部阅览。他所说的"四部"，正是指郑默的四部分类图书。可见曹丕撰写《自叙》时，郑默的"四部分类法"已经开始在采用了。唐代开元年间，又开始把"四部"称为"四库"，所以清代有《四库全书》的命名。

第二方面的创新，是类书的编撰。

我国第一部大型的类书，就是魏文帝曹丕下令编纂的《皇览》。

所谓类书，是中国古代书籍的一种。它是将编纂者在世的时候，典籍文献之中所记述的所有知识，包括自然界和人类社会的，全部加以分开拆散之后，再分门别类，重新编排，从而变成面貌一新的典籍：

由于类书的知识无所不包，所以它是已有知识的大百科全书。

由于类书保持了原来典籍文献的名称和原文，所以它又是传世资料的全面汇编。

由于类书涵盖了当时几乎所有的典籍文献，所以它更是对此前的中国文化，进行的全面性清理和总结。

总之，大型的类书，完全可以称之为"中国式的大百科全书"，其重要性不言而喻。

如上所述，曹丕酷爱文学和文化，也是文学创作的大家。他所发动的图书重聚，使得皇家收藏的典籍文献已经非常之多，如果曹丕提笔撰文，突然想要使用某一方面的典故，但是又记不清楚具体的出处在哪里，有了这部《皇览》，他就可以按图索骥，迅速轻松找到了。他之所以要下令编纂这样一部大书，并且命名为《皇览》，最初触发的动机就在这里。但是，皇家藏书的成功重聚，则是客观上的先决条件。

接受曹丕指令参与编纂《皇览》的曹魏臣僚，有学识渊博的臣僚王象、缪袭、刘劭、桓范、韦诞等人。完成后的分量，分为四十多个部类，每个部类有数十篇，共计上千篇，八百多万字，这在印刷术还未发明，著述全都要用手写抄录的当时，堪称是皇皇巨著了。可惜全书到隋唐时期即已散亡，现今只有一些残篇断简留下来。

但是，由曹丕所开创的类书编纂，正如其推动的"四部分类法"一样，其影响却并没有中断，后来还蔚然成风，影响深远。比如隋唐宋三个朝代编撰的《艺文类聚》《北堂书钞》《初学记》《太平御览》《册府元龟》等，至今依然在传承文脉，造福后世，成为学者经常翻检的常用工具书。后世编纂的类书中，最为著名的要数明朝的《永乐大典》。这部被誉为"世界有史以来最大的百科全书"，多达三亿七千多万字，编纂于明成祖还没有迁都北京之前的永乐年间。可惜这部皇皇巨著，也没有能够完整保存下来。现今只有清代学者的辑本，保留了一点点残篇断简而已。这正是：

当时功业留光彩，可惜今人多不知。

要想知道曹丕在创下两项美好功业之后，又会做出何等情调阴暗之事，请看下文分解。

第二十一章

大会诸王

时间来到黄初四年（223年）仲夏五月，魏都洛阳城中，到处是一片铺天盖地的绿荫。当时城中的各条大道，都一分为三：中间为御道，专供皇帝，以及经过特别允许之后的诸侯王等使用；两旁为便道，供平民百姓通行往来。按照规定，车辆行人均须遵循"左入右出"的原则，这实际上就是现今"靠右行驶"交通法规的先河。大道两旁，以及御道与便道之间，一律种植生长快速的榆树和槐树。这些行道树的树干挺拔，枝叶扶疏，使喧闹的街市充满赏心悦目的色彩和气氛。

　　这几天，不断有朱轮青盖的藩王车队进城，驶向城西阊阖门内侧的西馆。这西馆是曹氏诸王入朝京师时的官方宾馆，一年之中的大部分时间都空置而无人居住。现在一下子又车马云集，附近的居民就知道：诸王又来朝觐皇帝和皇太后了。

　　上一年的三月间，曹丕正式制订了曹氏宗室的封爵制度。凡是宗室近亲，如皇弟和皇子，均可封亲王，当然，有过失而不思悔改者除外。亲王的封地，名义上是一郡（两年后又缩小为一县）。当时只有一位王爷封地是一县，他就是死里逃生的鄄城王曹植。宗室近亲不够资格封王爵者，即封以公爵。亲王的嫡长子可以继位称王，亲王的其余诸子只能封以乡公。继承父爵的亲王，其嫡长子可以再继承王位，而其余诸子封以亭侯。公爵的嫡长子可以继位称公，其余诸子则封以亭伯。嫡庶长幼，王公侯伯，都分得一清二楚，唯独有一样事情没有明确规定，这就是诸位王公朝觐京师的具体时间。前面已经说过，曹魏的藩王在各自的封地是没有行动自由的。他们唯一能够走出封国彼此相见的机会，就是奉命入朝京师。如今入朝的时间毫无定准，完全凭皇帝临时的一句话，他高兴时可能间隔一年，不高兴时可以间隔两三年，这王爷与充军的囚犯又有好大的差别呢？

此次曹丕之所以召诸王来京，倒不是他突然动了手足之情，而是迫于老母亲眼泪的压力。自从他当初继承王位分遣诸侯就国以来，一转眼四年过去，卞太后竟然未能和儿子们见过哪怕一次面。极度思念之中，她便向皇帝提出强硬要求：在今年五月夏至之前定要召诸王入京朝觐！夏至，在当时是祭祀祖先的重要节日之一。由于曹操的生父曹嵩，在徐州惨死于夏至这一天，所以曹氏家族最初不在夏至日祭祖。曹操位极人臣，权倾天下，其后人不愿因曹嵩的忌日而亏了对曹操的礼数，遂在曹操死后恢复了夏至祭祖的传统。卞太后要诸王在夏至节前入京，即是想借此机会举行一次盛大的家祭。

在各自的王国里闷坐了数年之久的诸位藩王，一接到入朝的诏令，无不兴奋万分，大多是当天就驱车登程，赶往洛阳。最先到达京城者是任城王曹彰。不久，济阴王曹据、下邳王曹宇、谯王曹林、北海王曹衮、陈留王曹峻、河间王曹幹、吴王曹彪、庐江王曹徽等亦先后抵京。兄弟们久别重逢，那一份激动，那一份亲热，不需要细说亦可想而知。但是，其中有一位王爷却很不高兴，很不舒心，显得与众不同。他不是别人，即是诸王当中最年长的任城王曹彰。

曹彰从来就认为自己的地位比其他诸王高出一等，这不仅因为其排行最长，更重要的原因还在于曹操未死时他已经出任方镇，立下了赫赫军功。但是，其兄曹丕继位之后，却一直把他同诸王等量齐观，不给任何优待。这样一来，曹彰的心情就愉快不起来了。四年之前，曹操遗体入葬，诸侯就国之时，曹彰起初以为自己统兵镇守长安，必定属于例外，不料后来得到王兄的命令，竟要他交出兵权，随例归国。曹彰一气之下，也不向王兄告辞，便径自奔往封地鄢陵县（今河南省鄢陵县）而去。曹丕生怕骁勇善战的老弟闹事，赶忙下诏把曹彰的食邑从五千户提高到一万户，又把其住地从贫瘠的鄢陵移到富庶的中牟县（今河南省中牟县）。不过这些安抚措施并未能平息曹彰的不满，他整日怒气冲天，犹如一头被囚禁在铁笼中的雄狮。史称当时魏国官员经过曹彰的封地时，"皆畏彰之刚严……不敢不速"，意思是怕他，所以赶紧快速通过。此次召诸王入朝的命令下达后，曹彰起身最快，赶路最急，结果是第一个到达洛阳。到达后他以为马上就会受到皇兄的召见，谁知道负责接待的官员却要他稍安勿躁，说是皇上早有指令，必须等到诸王到齐之后才安排召见事宜。曹彰在西馆坐了好多天冷板凳，越坐越无聊，越坐越气愤。他心想：当初皇父在洛阳这地方晏驾之时，只传令召见我曹彰；那时候我要是横下心来抢了先王的玺绶，你今天还能在这里摆架子逞威风吗？性情粗犷的他，心中有气，不免口吐怨言；而且心里怎么想，口里就怎么说。曹彰只顾发泄得痛快，不曾想却招来一场杀身之祸。

西馆中的曹彰是牢骚满腹，皇宫里的曹丕心情也未见得愉快轻松。此刻，他正坐在皇宫西侧的凌云台上，一边眺望北面的邙山和黄河，一边想着心事。这凌云台是新近落成的宏伟建筑，其形制大体与邺宫的铜雀台相仿，但构造的精巧，则有过之而无不及。其台基由砖累成，见方十三丈，高八丈。台基之上又起高楼，楼底见方四丈，高五丈。总计楼高十三丈，约合今制三十米有余。高楼修建之时，直柱横梁均一一过秤称量，务使四方重量分布均衡。建成之后，高楼一旦临风，必定来回轻轻摆动而毫无毁损倾颓之危险。人坐楼头，随楼晃动，北眺邙山、黄河，南望洛京街市，真有跨鹤凌云的感觉。自从此楼建成之后，曹丕每逢心烦意乱之时，即要登楼独坐一刻，以释烦闷。今天他又独上高楼沉思，侍从们便都明白：皇帝又碰到不舒心的事了。

使曹丕心烦的是他的亲兄弟，不过不是曹彰而是曹植。关于曹彰的动态，他要稍后一些才会得到全面详细的报告。眼前他正在为曹植之事大费脑筋，因为新近改封为雍丘王的曹植，在来朝途中突然失踪，下落不明。

五天前，曹丕接到洛阳正东二百里处旋门关（今河南省巩义市东）守关官吏的一份报告，说是雍丘王曹植抵达旋门关后，把大部分随从人员和所有车辆都留在关隘处，自己只带了两三名侍从，身穿平民百姓的衣服，徒步前往京城去了。曹丕得报后立刻派人东出洛阳去寻找，不料使者一直东行到达旋门关，也没有看到曹植的影子，只好急驰回来向皇帝复命。不知怎么下太后得到小儿子下落不明的消息，以为是曹植怕见曹丕而在途中自杀，便赶往皇帝的寝宫，一边痛哭，一边责问曹丕。曹丕十分恼火，连忙派出干员，四处寻访曹植的下落，生要见人，死要见尸。可是一晃两三天过去，事情竟然毫无结果。曹丕没法向老母交代，只好登上凌云台去散心消愁了。

那么曹植究竟在何处呢？其实，他现时就在洛阳城内距皇宫不远的安西将军夏侯楙府邸中。原来，曹丕得到关吏报告并派人上路时，曹植已经悄悄来到京城，并住进夏侯楙的府内。这夏侯楙是曹魏军界首席元勋夏侯惇的次子，目前正统军驻守长安，镇抚关右。夏侯楙之妻，是曹操丁夫人所生之女，现封清河长公主。按照汉魏制度，皇帝的姊妹和女儿都封公主，并以一县民户之租税，作为公主汤沐脂粉之费。此县称为该公主的"汤沐邑"，也就是其封国。在公主之中，凡地位尊崇者又称之为长公主（长是长幼之长），其地位与藩王相等。清河长公主与曹丕自来关系不错，而且她的丈夫夏侯楙又是曹丕最亲信之人。曹植此次悄悄来到她家，就是想请这位在皇兄面前说得起话的阿姐挽救自己的命。

曹植自从在临菑闯下大祸而改封鄄城之后，一改过去任心率性的行事作风，谨言慎行，临深履薄，整天在提心吊胆中度日。但是就这样夹紧尾巴也不行，东郡太守王机和王国防辅仓辑，依然不放过他。曹植曾在《自诫令》一文中，形容王、仓二人是"吹毛求疵，千端万绪"，其日子之难过可想而知。此番应召入京，曹植生怕皇兄给自己算总账，搞不好恐怕真要丢了性命，所以他先来到阿姐府中，准备请阿姐在皇兄面前为自己说说好话。

清河长公主很同情小弟，一口答应帮忙。同时，她又叫曹植在府中休息两天后，"科头负鈇锧，徒跣诣阙下"去向皇帝谢罪。所谓"科头"，即是不戴冠冕，光着头披着头发；"徒跣"，即是赤足步行。光头赤足，背负施行腰斩的刑具——鈇锧，主动到皇宫的宫阙下请罪，这是表示自己甘心如犯人一样承受皇帝的处罚。曹植自己主动表明了诚意，那一边清河长公主再说说情，危险很可能就消除了。

次日清晨，曹植果然科头徒跣，背负鈇锧，出现在皇宫南面承明门前的双阙下。与此同时，清河长公主又进宫会同皇太后，一齐向曹丕发动软性攻势。经过这一番努力，曹植总算保住了一条性命。

诸王既已到齐，皇帝随即传旨在建始殿举行召见仪式。接下来是皇太后召见，夏至节会聚祭祀先人，皇帝赐游皇宫苑囿，等等。在外人看来，皇帝一大家人真是欢乐和睦，堪称天下孝悌的楷模了。

可惜好景不长。六月十七日甲戌，一个不幸的消息突然传开：任城王曹彰，因得暴病，当天死于西馆之内。皇太后、皇帝和诸王无不悲痛万分。皇宫和西馆的侍从人员在跟随主子流泪之余，都暗自奇怪：这任城王一向身强体壮，生气勃勃，论年龄才三十来岁，正是当令之时，怎么会说死就死了呢？

关于曹彰之死，正史《三国志》的记载是简略到了不能再简略的地步，仅仅留下"疾薨于邸"四字，即因病死于宾馆之意。与陈寿的《三国志》相反，刘义庆《世说新语》中，却把事情的经过写得生动细致，颇具文学色彩：

> 魏文帝忌弟任城王骁壮。因在卞太后阁共围棋，并啖枣。文帝以毒置诸枣蒂中，自选可食者而进。王弗悟，遂杂进之。既中毒，太后索水救之。帝预敕左右毁瓶罐，太后徒跣趋井，无以汲。

须臾，遂卒。复欲害东阿（指曹植）。太后曰：

"汝已杀我任城（指曹彰），不得复杀我东阿！"

意思是说，曹丕顾忌曹彰骁勇健壮，预先将毒药藏在甜枣当中，然后与曹彰在卞太后处的亭阁中下围棋，两人边下边吃枣，曹丕挑选能吃的吃，曹彰却吃了有毒的枣；中毒发作之后，卞太后光着脚跑到井边去汲水，想让曹彰喝水下肚稀释毒药，汲水的瓶罐又被曹丕预先命人打破了，无法汲水，于是曹彰死于非命。毒死曹彰后，曹丕又想害死曹植，卞太后说："你已经杀了我的彰儿，不能再杀我的植儿了！"

两相比较，陈寿《三国志》明显是在讳言其事，而《世说新语》又带有浓厚的小说家言成分。但是，曹彰的无病暴死，必定和曹丕有关，这是可以肯定的。

曹丕对曹彰之死表现出少有的痛惜之情。他特命有关官员隆重办理丧事。出丧那天，又特赐御车载棺，上插龙旗，前后由御前近卫军一百人护送。同时，又赐曹彰谥号为"威"，并令其子曹楷继父爵位，封中牟王。不过。这些优厚措施，似乎并不能完全清除人们对曹彰之死的疑惑。特别是住在西馆之中的宗室诸王们，因疑惑而生恐惧，一个个噤若寒蝉，巴不得早点离开这座死亡之馆。前些日子显现出来的欢愉气氛，至此一扫无余。

皇帝现在也下了逐客令，要诸王在近期内离开京师，各归封国。一旦起程的日期确定之后，兄弟们又舍不得离开了。他们知道：此番分手，再见就不知将在何年何月。于是，彼此赶紧互道珍重，执手话别，西馆之内但闻一片唏嘘之声。

孟秋七月上旬，诸王纷纷登程上路。这一年的夏秋之交，连降暴雨，江河满溢，道路泥泞。文人气质极为浓厚的曹植，面对苦雨凄风，长亭古道，心中真是愁苦之极！幸好他还有一位王弟相伴同行，才使他免遭孤独的笼罩。这一位王弟，即是吴王曹彪。

曹彪，字朱虎，乃曹操小妾孙氏所生，小曹植三岁。曹植与这位异母老弟很合得来，加之在归国途中，二人起初还能同行一段路，故而兄弟俩便结伴离京东归。不料才出发不久，监国谒者见两位王爷过于亲热，立即向皇帝提交紧急报告，请求分开二王，不许同行。曹丕不愿兄弟们在背后议论自己，当然照准。监国谒者十分得意地向曹植、曹彪传达了皇帝的旨意，曹植仰天长叹，悲愤莫名。当天晚上，他在卷县（今河南省原阳县西）境内的一座简陋的驿站里，就着昏暗的灯光，耳听着窗外的风雨声，含泪挥笔，一气写出一首流传至今的著名五言长诗，赠送给明早就要与自己分手的曹彪。诗云：

谒帝承明庐，逝将归旧疆。

清晨发皇邑，日夕过首阳。

伊洛广且深，欲济川无梁。

泛舟越洪涛，怨彼东路长。

顾瞻恋城阙，引领情内伤。

太谷何寥廓，山树郁苍苍。

霖雨泥我途，流潦浩纵横。

中逵绝无轨，改辙登高岗。

修坂造云日，我马玄以黄。

以上一段，具体描绘离开京城洛阳后，一路上的实际情景。要过伊水、洛水却没有桥梁，只得乘船；上岸后路程遥远不说，还泥泞不堪，泥土把我玄黑色的马都染成黄色了。

玄黄犹能进，我思郁以纡。

郁纡将何念？亲爱在离居。

本图相与偕，中更不克俱。

鸱枭鸣衡轭，豺狼当路衢。

苍蝇间白黑，谗巧反亲疏。

欲还绝无蹊，揽辔止踟蹰。

道路泥泞还能勉强前进，心情郁闷纠结就无法排遣。郁闷纠结甚么呢？亲生的兄弟却分离四方不能团圆啊！如同鸱鸮、豺狼一般的恶人在我车旁，在路中间，他们就像苍蝇一样，用谗言将亲兄弟变得疏远。我本想回京城去弄个明白，可是又回不去，只能踟蹰不前了。

> 踟蹰亦何留，相思无终极。
>
> 秋风发微凉，寒蝉鸣我侧。
>
> 原野何萧条，白日忽西匿。
>
> 归鸟赴乔林，翩翩厉羽翼。
>
> 孤兽走索群，衔草不遑食。
>
> 感物伤我怀，抚心常太息。

此段描绘令人倍感凄凉的景物，寒蝉、夕阳、归鸟、走兽等，引出深沉的另一层感叹。

> 太息将何为？天命与我违。
>
> 奈何念同生，一往形不归。
>
> 孤魂翔故域，灵柩寄京师。
>
> 存者忽复过，亡殁身自衰。

> 人生处一世，去若朝露晞。
> 年在桑榆间，影响不能追。
> 自顾非金石，咄唶令心悲。

另一层感叹，是感叹死去的曹彰，同胞兄弟，一到京城就不能回来，人的生命短促，如同早上的露水容易晒干消失一般，我自己身体也没有金石那样坚强，想起来真是悲伤。

> 心悲动我神，弃置莫复陈。
> 丈夫志四海，万里犹比邻。
> 恩爱苟不亏，在远分日亲。
> 何必同衾帱，然后展殷勤。
> 忧思成疾疢，无乃儿女仁。

过度伤悲会扰动我的精神，所以暂时放在一旁不再说了。大丈夫志在四海，相隔万里也如同邻居一般相近，只要保持恩爱，哪怕各在远方，情分也会一天天更亲热，何必一定要在一起呢？忧伤过度生了病的话，就像小孩一般幼稚了。这一段是在自宽自解。

仓卒骨肉情，能不怀苦辛？

苦辛何虑思，天命信可疑。

虚无求列仙，松子久吾欺。

变故在斯须，百年谁能持？

王其爱玉体，俱享黄发期。

收泪即长路，援笔从此辞。

离别永无会，执手将何时！

　　最后一段情绪再度低落，认为天命是不可信的，神仙是不存在的，变故是不能免的，所以最重要的事，是希望王弟你珍爱玉体，能够与我一同平安到老，此番分别之后，再聚首就不知将在何时了！

　　这首饱含涕泪令人不忍卒读的长诗《赠白马王彪》，就是此次曹丕大会诸王一幕的终曲。这正是：

京城聚会成悲剧，手足同胞似罪人。

　　要想知道曹丕将诸王遣散回返各自的封地之后，他又将心思转向何处，请看下文分解。

第二十二章

广陵观兵

　　遣返诸王之后，曹丕的目光开始放到江东的孙权身上。

　　这是黄初六年（225年）的暮春三月，魏国南都许昌的皇宫苑囿，百花齐放，姹紫嫣红，一片祥和气氛。然而在花木护绕的皇宫主殿——承光殿内，皇帝正与朝廷群公议论一件大事。而此事的内容，以及殿内的议论情况，却似乎都不太祥和。

　　所议论之事是关于兴兵伐吴的问题，也就是要对孙权大动干戈。伐吴的主意是皇帝提出来的，说的是请"群臣大议",实际上是要众人无条件附和。在座衮衮诸公,大都很知趣地发表了赞同伐吴的意见,唯独有一位认死理的大员站出来唱反调,此人即是宫正鲍勋。

鲍勋,字叔业,乃兖州泰山郡平阳县(今山东省新泰市)人氏。其先祖鲍宣,以直言敢谏,为西汉名臣。鲍勋其人,完全继承了先祖之风,为官清白耿介,尽忠直谏,不避风险。曹操在世时,他曾任魏王太子中庶子,与曹丕有君臣之义。其后,鲍勋出任魏郡西郡都尉,专司捕捉境内盗贼。而曹丕夫人郭氏的弟弟,在魏郡的曲周县(今河北省曲周县西北)任县吏,因偷盗公家布匹,被鲍勋侦破逮捕,问成死罪。曹丕闻讯,一连写了几封亲笔信与鲍勋,请他包容庇护。鲍勋不肯违法乱纪,将案情如实上报曹操。从此曹丕就在心中给鲍勋记下了第一笔账。及至曹丕受禅称帝之后,鲍勋作为近侍之臣,多次谏止曹丕兴修宫室苑囿和频繁外出游猎,曹丕大怒,遂外放鲍勋为右中郎将。不久,经陈群、司马懿等朝廷重臣的推荐,曹丕不得已而升任鲍勋为宫正。宫正即汉代的御史中丞,职司监察众官,如同后世的监察部长。鲍勋就任后极为称职,史称"百僚严惮,罔不肃然"。

此番议论伐吴属于军事性质,并非他这个监察官员的职责范围,本可以采取事不关己高高挂起的超然态度。但是,鲍勋禀性难移，居然又犯颜直谏。只见他抗声言道："王师多次南征而未能取得显著战果者，原因就在于吴、蜀二国唇齿相依，凭山阻水，占有易守难攻之势。去秋陛下亲率六军南下长江，大风骤起，御舟飘隔南岸，圣躬蹈危，臣吓破胆。当时大魏宗庙社稷几至倾覆，此事足为百世之戒。时过半年又欲劳师远征，日费千金，国家虚耗，却对吴虏打击甚微，臣窃以为不可！"

鲍勋的意见无疑是正确的。近三年来，曹魏的腹地冀州（主要地域在今河北省），连受蝗、旱之灾，百姓嗷嗷待哺。其他州郡虽未遇到大天灾，但是繁重的租调和兵役，也令民众不堪重负。连曹丕自己也在上一年十月的一份诏书中，认为民众日子难过，他说：

> 今事多而民少，上下相弊以文法，百姓无所措其手足。昔泰山之哭者，以为苛政甚于猛虎。吾备儒者之风，服圣人之遗教，岂可以目玩其辞，行违其诚者哉？

何况半年前曹丕才兴师动众，大举攻吴，结果是临江慨叹，无功而返。现今喘息未定，又要大起刀兵，此举之不宜，显而易见。但是，曹丕主意既定即不容反对；而反对者竟然又是不知趣的鲍勋，这就使曹丕倍加恼怒。于是，他当场下令贬鲍勋为治书执法，降官二级使用。一场关于军国大事的议论，便在紧张的空气中结束。

三月下旬，曹丕令太常卿以牛一头作为牺牲祭品，在许都（今河南省许昌市东）南郊告祭上天诸神。按照曹魏礼制，凡大军出征，必先举行这种名为"特牛告郊"的祭祀仪式，以求上天赐予军事成功。祭祀既毕，曹丕亲率水陆大军十余万，浩浩荡荡从许昌出发。一时间，许昌至谯县（今安徽省亳州市）的官道上，车辚辚，马萧萧，刀枪耀日，旌旗蔽空，队伍前后绵延百里开外。许昌的百姓虽然见过不少过兵的大场面，也还是被这宏伟的气势所震撼。一些耆老在旁评论：只有建安十三年（208年）武皇帝打荆州刘表时那次过兵，大概才有这么多的人马。不过，曹操那次人马虽多却吃了大败仗，他们对此都不敢提说。

或许是春末夏初的郊原景色过于迷人了吧，从许昌到谯县的四百里平川大道，曹丕的兵马竟然走了三十七八天，平均每天仅十里多一点。这哪里是猛士出征打仗，倒像是仕女簪花游春了。五月上旬，大军抵达东都谯县。此刻，数千艘战船已经调集在谯县城东北的涡水岸边待命。但是，曹丕似乎完全把征吴之事忘在脑后一般，迟迟不下起程的命令。十余万兵马在谯县一停就停了三个月，直到八月中秋来临。

究竟曹丕在谯县干什么呢？表面上看，他整天忙着访问家乡父老故旧，闲来又与左右的文臣吟诗作赋，好像无所系心。实际上他是有所等待，具体而言是在等待夏秋洪水的退消。

原来，在上一年的秋天曹丕曾率水师攻吴。九月间，他的船队进入长江，恰好遭遇秋洪骤起，江水盛长，十余里宽的江面上波浪滔天。结果，曹军的船队无法过江不说，体大招风的御用龙舟也随波漂荡，无法控制，曹丕本人差一点丧身鱼腹之中。当时他曾望江兴叹道："魏虽有武骑千群，无所用之，未可图也！"现在他回想去年涉险之事，犹自心有余悸。所以今年出兵，他决心等到十月初冬之时洪潦退尽后再挥师渡江。他之所以在谯县消磨时间，其原因即在于此。

到了八月桂子飘香之时，曹丕才传令诸军拔寨起程。作为攻击主力的水军近十万人，分乘战船数千艘，从谯县顺涡水而下，至豫州谯郡义成县（今安徽省怀远县）入淮河后，再转向正东，前往徐州广陵郡的郡治淮阴县（今江苏省淮安市淮阴区）。由于水道迂回，费时较多而曹丕不耐，所以他自己则率精甲万余，经陆路奔正东，直趋徐州的州治下邳（今江苏省邳州市），然后从下邳沿泗水驰奔淮阴。水陆二军在淮阴会合之后，再取道正南，经中渎水（即邗沟），至汉代的广陵县故城（今江苏省扬州市西北）南郊入长江。

九月，曹丕的车驾在万骑簇拥之下抵达下邳。按照汉魏礼制，皇帝御驾亲征之时乘坐"戎车"。其轮毂以朱红之色；其身饰以金箔龙形图案和西域贡献的孔雀花翎；其上建以大旗，旗上画日月云龙，并系上十二条彩色飘带；其前驾以六马，辔轭皆以金银为装饰；其驾马分为前后两排，前三后三，而后排左侧的车轭上，系有一根形大如斗的牦牛尾，称之为"左纛"。戎车之前，有执金吾率领清道骑士为前驱；骑士之后是九辆导引的斿车，车上载彩色鸾旗，金钲黄钺。戎车之后，有备用的副车，以及侍从官员乘坐的属车数十辆。属车分为三排，全部皂色车顶，朱红轮盖。最后的属车高悬豹尾一根，这根豹尾非同寻常，它是一种特别的标志，标明在它之前的车队范围是不可随意进入的禁区，相当于朝廷中枢机要所在的"省中"。下邳虽是徐州的首府，但是天子驾临此地，却还是破天荒的第一回。当天城中真是万人空巷，百姓们站在远处，翘首眺望那声势浩大的队伍，一个个看得眼花缭乱，惊讶不已。

深秋时节，潦水尽而寒潭清，烟光凝而暮山紫。曹丕深喜泗水之滨草长沙平，所以又在此地打了十来天猎才尽兴上路。临行之前，他命令徐州地方官员在下邳城郊，修了一座东巡台。前年春天，曹丕大驾南巡，到达荆州南阳郡宛县（今河南省南阳市，宛的读音同"渊"），曾在那里筑了一座南巡台。皇帝出巡，筑高台以垂后世，此风肇自秦始皇。但是秦始皇多次出游，也只是在琅琊筑台一座，其余地方仅以刻石作为纪念而已。如今曹丕尚未荡平六合苞举八荒，巡游之台先倒修起了两座，其喜好夸饰的文人之习，不知不觉就表现在政治作为之中了。

早已到达淮阴的水军，好不容易盼来了皇帝的大驾。于是，万余步兵随皇帝登上舟船，向南进发。当时，从淮阴到广陵故城的水路，大体可分为五段，即中渎水北段、射阳湖、精湖、山阳池、中渎水南段。十月初，曹军数千艘战船由淮阴水口进入中渎水北段，舳舻相接，帆樯如林，旌旗绵延数百里之遥。曹丕高坐在龙舟的船楼之上，举羽觞，饮美酒，慨然有投鞭断流，一举荡平江东之志。谁知天有不测风云，船队刚刚过了精湖，来到山阳池内，一场突然发生的气候变化，竟然使他的数千战船再也前进不得。

原来，上一年是洪水发得迟，这一年却是寒潮来得早。

初冬十月，刺骨的朔风从塞外袭来，江淮平原顿时千里冰封，万里雪飘。前几天还是碧波荡漾的射阳湖、精湖和山阳池，现今水面全部结冰封冻。这三座湖泊，以前者的面积最大，地势最高。所以后两座湖泊和中渎水南段的水流，实际上都由射阳湖供给。射阳湖湖面一封冻，原本落差就不大的湖水便不能顺畅南注，结果造成山阳池和中渎水南段水位枯落，船只无法继续前行进入长江。

早在此次出征之先，尚书蒋济即曾上书曹丕，指出淮阴到广陵故城的水道通航困难。蒋济，字子通，乃扬州淮南郡平阿县（今安徽省怀远县西）人氏。其人生长自淮南，又长期在淮南任职，且多智略，他的意见曹丕本应给以足够的重视，可惜事情并非如此。而今舟船受阻，曹丕豪情不减，遂命将士舍舟登岸，由陆路南下。

三天之后，曹军终于走完此次出征的最后二百里路程，来到广陵故城南郊的长江岸边。南岸的孙权，望见十余里外的北岸旌旗猎猎，沿江密布长逾百里，急忙调兵遣将，准备截击渡江之敌。他哪里知道，曹军战船已经全部困在山阳池中，对方纯粹是在虚张声势呢。

此时此刻，魏国皇帝曹丕，正立马江滨，望着那宽阔的江面沉思不语。入冬的长江，依然是波涛汹涌，匝地接天，令人目眩。在这浩浩烟波之前，十万人的大军也显得如此渺小，如此无力。沉默许久之后，曹丕终于发出一声慨叹道："嗟乎，固天所以限隔南北也！"于是下令退军。

关于此次曹丕征吴，当时的史籍有四个字的形容，叫作"临江观兵"。这"观兵"二字用得极好，准确而凝练。此处的"观"，准确意思是显示，所以"观兵"的意思即是炫耀武力。花费七个月的时间，调集十来万人马，水陆跋涉千里有余，每日耗用千金不止，最终的结果，就是隔着十多里宽的江面向孙权挥了一阵旌旗，舞了一阵刀枪。这真是不折不扣的"观兵"，古今罕见的"观兵"也。

其实，曹丕从一开始就没有真正想与孙权决一死战，这一点我们从他行军的逍遥自在即可明白。既然一开始就不想真打，所以临江而还，曹丕也不气恼。而天寒封冻战船不前，还给他提供了合理的退军借口。当然，过了半年多风餐露宿的艰苦生活，又碰上地冻天寒的季节，士卒们也巴不得收军北归。因此，曹丕的撤军命令一下达，军营之中竟然是欢声雷动，比打了大胜仗还要喜气洋洋得多。

十月下旬，曹军沿原路撤回。曹丕坐在一匹塞外名马上，心情和将士们一样愉快。不知不觉间，他已吟成五言诗一首。诗云：

观兵临江水，水流何汤汤！

戈矛成山林，玄甲耀日光。

猛将怀暴怒，胆气正纵横。

谁云江水广，一苇可以航？

不战屈敌虏，戢兵称贤良。

古公宅岐邑，实始剪殷商。

孟献营虎牢，郑人惧稽颡。

充国务耕殖，先零自破亡。

兴农淮泗间，筑室都徐方。

量宜运权略，六军咸悦康。

岂如《东山》诗，悠悠多忧伤。

开头六句，把自己军队的威势大大渲染了一番。可惜十万貔貅猛士，却东去大江奈何不得，所以曹丕开始对《诗经·河广》中"谁谓河广？一苇杭之"的说法表示怀疑。天堑难渡，那就收兵屯田于淮泗之间，以待江东之衰弊罢。量宜运权，是为政之要道；而息甲养兵待时，将士也十分高兴，不会像《诗经·东山》所描述那位服兵役三年才得归家的战士，满怀悲苦而无处诉说了。经过这样一番吟咏，曹丕自认为把出征的原因和收兵的道理，都说得完全是合乎自然，天衣无缝了。

皇帝是诗兴正浓，将士是归心似箭，唯有一个人在还军途中忧心忡忡，情绪低落。此人非他，就是最初谏止曹丕伐吴的鲍勋是也。

此次伐吴，随行的鲍勋热切希望能够打两个大胜仗，因为这不仅于国有利，而且于己也大有好处。鲍勋本是不赞成伐吴的，为何说伐吴获胜反而对他有好处呢？要明白其中的道理，应当先说一个发生在此前不算太久的真实故事。建安四年（199 年）秋，袁绍在河北起大军十万，南攻曹操。行前，袁绍手下一位头脑清晰的谋臣田丰，极力劝阻袁绍不要"决成败于一战"，而应广结外援，从多个方向扰乱曹操的根据地，待其兵疲民困而后歼之。但是袁绍自恃力量强大，不听田丰的忠告。在出军之前，袁绍又以动摇军心为由，将田丰投入监牢。一年之后，袁绍从官渡（今河南省中牟县东北）败逃回冀州，消息传来，有人对狱中的田丰道喜，说是君言不虚，日后必然要受器重了。谁知田丰却愁叹道："如果大军获胜，我倒不会有危险；而今大军溃败，我必死无疑啊！"果不其然，不久袁绍抵达邺城，说了一句"吾不用田丰言，果为所笑"，竟然下令诛杀田丰于狱中。鲍勋的识见并不比田丰低多少，而曹丕的气度又并不比袁绍大许多，在这种情况下，你说鲍勋的心情怎么能不沉重呢?

又是一个果不其然,大军刚刚进入兖州陈留郡(治所在今河南省开封市东南)界内,距洛阳还有四五百里,曹丕即以一件小事逮捕了鲍勋,必欲处以死刑。太尉锺繇、司徒华歆、镇军大将军陈群、侍中辛毗、尚书卫臻、代理廷尉高柔等一大批朝廷要员,都为之说情,但是毫无作用。不久,忠直清廉的鲍勋即被处死于洛阳,史称其"死之日,家无余财",完全是一位清正廉明的好官!

曹丕此次兴师动众大举伐吴的唯一"战果",就是砍下了当初那位唯一敢说真话的忠臣的脑袋。这正是:

忠言弃置征吴去,扫兴归来竟杀人。

要想知道曹丕在回军途中要了鲍勋的性命之后,接下来他自己的性命又会如何,请看下文分解。

第二十三章

长眠首阳

　　黄初七年（226年）正月，魏文帝曹丕回到了中都洛阳。

　　这洛阳虽是曹魏的赫赫皇都，然而魏国的这位开国皇帝，却难得在此长住。自曹丕代汉称帝以来，每年他都要外出巡游。据笔者统计，曹丕在位总共六十八个月，在京城洛阳之外巡游即多达四十四个月，在洛阳居住的时间总共还不到一半。而这一次离开洛阳的时间又是最长的，自前年七月起至今，足足一年半。因此，当曹丕从承明门进入高墙深锁的皇宫时，突然有一种陌生的感觉。

　　过了半月，陌生的感觉渐渐消失，但是一种前所未有的疲乏与无力，又在他的体内蔓延开来。开始他还以为是长期在外巡游，感染风寒暑热所致，并没有怎么在意。不料经过御医一段时间精心的调养和医治，症状非但未有好转，而且日渐有所加重。头晕眼花，心悸耳鸣，腰酸腿软，食不甘味，寝不安枕，情绪烦躁，诸般显示身体早衰的症状一齐出现。御医们频频更换药方，一再加强滋补，仍然无济于事。入夏之后，皇帝终于被医得来倒床不起了。

　　论年岁，曹丕才刚满四十虚岁；论生活条件，谁又能比皇帝更优越？怎么他会说病就病，一病就卧床不起呢？说到底，是早婚和纵欲这两点，把他的元气耗损和透支太甚所致。纵欲伤身，古人早已有深刻的认识，医家经典《灵枢经》即云："若入房过度……则伤肾。"而"肾者，受五脏六腑之精而藏之"，故纵欲必伤体气之根本。设若年轻纵欲，自然伤身更甚，《论语·季氏篇》记载孔子提出的"君子有三戒"，第一戒就是"少之时，血气未定，戒之在色"。而中国古代的皇帝，十来岁结婚已是常事；至于纵欲，因后妃众多，更是具有无比优越的条件。双斧伐孤树，焉能得长久？所以短命夭寿，几乎成了皇帝的专利品。以东汉一朝为例，十三个皇帝，除了三个被谋杀和被废黜的以外，其余十帝之中，活上四十岁的只有开国皇帝刘秀和他的儿子明帝刘庄两人。章、和、安、顺、桓、灵六帝，算是活到了成人年龄，但平均寿命才三十二岁。父亲伤了根本，儿子也要受到连累，所以和帝的儿子殇帝只活到两岁，顺帝的儿子冲帝只活到三岁。东汉一朝之所以出现外戚、宦官擅权，与皇帝们的短命夭寿大有关系。曹丕的情况也是如此。他十八岁纳甄氏，专房有宠。此后又娶郭、李、潘、朱、仇、徐、苏、张、宋等姬妾。其父死，他在热孝之中，"悉取武帝宫人自侍"。称帝之后，更是随心所欲。曹操当魏王时，后妃的名号仅有王后、夫人、昭仪、婕妤、容华、美人六等；曹丕一登位，立即新增加贵嫔、淑媛、修容、顺成、良人五等。在这十一等名号之下的人数，随便也在百人以上。以一当百，曹丕还想长寿？亏得他自幼长于军旅，爱好武事，身体的基础还算不错，所以才能突破东汉皇帝三十二岁的平均寿命线，进入不惑之年。要是换上别人，恐怕早经是墓木已拱了。

到了五月初，曹丕的病势突然加重。

他静静地躺在嘉福殿里的卧榻之上，形容枯槁，手足冰凉，但是神智却十分清醒。郭皇后在他的旁边昼夜服侍，并且时时忍着痛苦安慰他，说是御医们预料皇帝到秋天就会恢复健康。曹丕听了这些宽心话，总是不以为然地露出一丝苦笑，他自己心里很明白：此番自己断难闯过四十岁的大关了。

有两件事一直在他心中浮现，那都是大劫已至的启示和征兆。一件是过去的远事，发生在十年前他还是五官中郎将的时候。一次，他大宴宾客，赴会者有三十余人。酒酣耳热之际，他请来一位名叫朱建平的相术家，替众人预测寿数。朱建平当时对曹丕说："将军当寿八十，至四十岁时有小厄，希望届时留意！"这朱建平最善预卜人的生死，言者多中。曹丕到此刻才算领悟到：当初朱建平所言的"当寿八十"，乃是合指昼夜，实际上自己只有四十年的寿命。当时的朱建平怕自己生气，故而不敢明言而已。另一件是眼下的近事。四个月前，他从广陵北归时，最初本想回返南都许昌。许昌南郊有他建筑的受禅台，是大魏龙兴之地，故而他登上帝位后常到此居住，累计时间长达二十四个月，也就是两年。然而出人意料的是，正月间他的车驾抵达许昌，正要从南门进城时，城门突然无故发生垮塌，曹丕觉得此事大为不吉利，于是立即停车，改变方向前往洛阳。有这两件事压在心头，曹丕对生存已经完全失去希望。

好在他对生死的看法一向非常达观，所以他的心里很平静，毫无恐惧之感。在这一方面，曹丕上不同于其父曹操，下不同于其子曹叡。曹操向往长生，他不仅在诗歌中一再描述仙人"驾虹蜺，乘赤云"，"济天汉，至昆仑，见西王母，谒东君，交赤松，及羡门，受要秘道"的情景，而且在境内搜访集中了一大批自称有不老秘诀的方术之士。能辟谷的郤俭，善行气的甘始，擅补导的左慈，都成为魏王宫中的座上客。流风所及，魏国官员一会儿学辟谷，只食茯苓，以致茯苓市价暴涨；一会儿又学行气，也就是现今所说的气功，"众人无不鸱视狼顾，呼吸吐纳"；一会儿又学房中补导之术，也就是通过男女性交来补养身体的方法，甚至于不通人道，即不能进行性行为的太监，也加进去凑热闹。曹丕的儿子曹叡，比其祖父更加荒唐。他当了皇帝，却笃信巫术，把一名江湖女巫接到宫中，凡有病者皆令饮其"神水"，不饮他就要发脾气。曹丕则完全不同，他从来不搞这类具有"怪力乱神"色彩的名堂。他曾经对郤俭等方术之士的"不老秘诀"，发表一段评论说：

> 夫生之必死，成之必败，天地所不能变，圣贤所不能免。然而惑者望乘风云，冀与螭龙共驾，适不死之国；国即丹谿，其人浮游列缺，翱翔倒景。然死者相袭，丘垄相望，逝者莫反，潜者莫形，足以觉也。

　　他认为，人的死亡是无法逃避的必然之事，总有一些受到迷惑的人，一心希望能够乘风驾云，与螭龙一同飞翔，到达那不死之国，也就是所谓的丹谿，那里的人可以在天地间自由飞翔。然而残酷的现实却是：死亡者不断出现，地上的坟墓彼此相连，死亡了的一去不返人间，下葬了的从此不见身形，这就足以让我们醒悟了啊！

　　既然死亡不可逃避，所以他主张及时行乐，其乐府诗《大墙上蒿行》有句云：

　　　人生居天壤间，忽如飞鸟栖枯枝。……何不恣君口腹所尝？冬被貂氎温暖，夏当服绮罗轻凉。

　　他虽然才满四十岁，但是当了六年的五官中郎将，三年的魏王太子，近一年的魏王，六年的魏国皇帝，什么样的乐没有行过？什么样的福没有享过？他感到很满足，很幸运。因此，面对行将到来的死亡，他脸不变色心不跳，平静如常。

　　此时此刻，他所考虑的都是身后之事。

　　首先是继承人选问题。说来令人难以置信，当初作为嫡长子，但是在争夺继承人位置时饱受磨难的曹丕，在处理自己的继承人问题时，其以往的行事竟然与其父如出一辙。曹丕的嫡长子，毫无疑问是甄后所生的曹叡。曹叡自小即以形貌俊秀、资质聪明而受到祖父曹操的特别钟爱。曹操不仅经常把他带在身边，而且一再称赞他是曹家未来的希望。曹丕之所以最终能夺得太子之位，与他有这么一个得意的儿子也有一定的关系。然而因为甄后在曹丕称帝半年后即被杀死于邺城，所以曹叡一直未能戴上太子的桂冠。那么曹丕属意于谁呢？他挑选的是徐姬所生的京兆王曹礼。另外，仇昭仪所生的河东王曹霖，他也一度动心过。由于曹礼和曹霖的生母出身卑贱，曹丕始终下不了确立他们为太子的决心。

使曹丕犹豫不决的还有下面一件事：一次，曹丕带领曹叡外出打猎，碰到了一只带有幼鹿的母鹿。曹丕弯弓发箭，母鹿应弦而倒。随后曹丕又令曹叡射杀幼鹿，曹叡不从，流泪说道："陛下已杀其母，臣不忍复杀其子！"曹丕听了这意味深长的答话，联想起自己逼死曹叡之母甄氏的往事，心中一度大受震动。皇帝主意不定，太子的位置也就空悬无人，就这样一直拖到曹丕行将入土之日。现在，曹丕已经下定决心。他随即口述一道诏令：正式确立平原王曹叡为皇太子。而此时的曹叡，已经二十一岁了。

其次要考虑的是辅政大臣人选问题。由于太子的身份长期未能确定，所以曹叡一直得不到从政上的锻炼机会。他不仅毫无政治经验，而且和朝廷的重要官员们也素无深入接触。在这种情况下，如果没有几位得力的重臣辅佐，曹叡绝对应付不了曹魏繁重的军国事务。曹丕深知此点，所以在确立皇太子之后，马上开始考虑辅政大臣名单。

第一名入选者是中军大将军曹真。曹真其人在上文已经有所介绍。在与曹丕同辈的宗室诸将之中，曹真是最年轻能干而且最受曹丕信任者。曹丕称帝后，有意把军权交给曹真掌管，所以一再提拔曹真。黄初三年（222年）曹丕下诏：以曹真为上军大将军，都督中外诸军事。

上述任命在魏晋军事史上的意义非同寻常，因为这是"都督中外诸军事"这一特殊名号的首次使用，同时也标志着指挥权限开始与军衔发生分离。此前的军事将领，只有军衔等级的区别，其指挥权限是由军衔等级来决定。比如，第一等的大将军，其指挥权限就比第三等的前将军要大。但是要大多少，却没有明确的界定。而到了曹丕这时的军事将领，除了军衔之外，又有了表示指挥权限大小的名号。这种名号通常以"都督"二字，再加上指挥权限的有效地区范围，最后再加上"诸军事"三个字。比如，有权指挥荆州战区各路军队，正式名号就是"都督荆州诸军事"，以此类推。而指挥权限名号的最高一等，就是这"都督中外诸军事"了。这名号是甚么意思呢？

原来，魏晋时称京城洛阳城内外的驻军为"中军"，称京城以外各地军事重镇的驻军为"外军"，合称"中外诸军"，而且性质上都属于中央军。因此，军职为上军大将军的曹真，一旦加上了"都督中外诸军事"的指挥权限名号之后，就成了曹魏中央军的总指挥和司令官。两年后，曹真的军衔再升一步，成为中军大将军；其"都督中外诸军事"的指挥权限不变。曹魏以武立国，有军队就有政权；曹丕决定把军界第一号人物曹真列为首席辅政大臣，其意图是不难理解的。

第二名入选者是抚军大将军陈群。陈群，字长文，兖州颍川郡许昌县（今河南省许昌市）人氏。其人出自东汉仕宦名家，以政事干练而受到曹操和曹丕的器重。前面所说的"九品官人之法"，其具体的设计者即是陈群。曹丕称帝后，陈群一直担任尚书台的长官。而当时的尚书台，即是处理国家机要政务的机构。其后，陈群在负责尚书台机务的同时，又以抚军大将军的身份兼任中护军之职。这中护军的职务，在当时也是重要得很的，他不仅是京城禁卫军的副总司令官，而且还要负责军内武官的选拔任用。曹丕把陈群列为辅臣之亚，其用意有二：一是给曹叡配上一位政事上的得力帮手，二是再给曹叡找一名安全上的可靠保镖。

　　第三名人选者是征东大将军曹休。曹丕在位时，对外用兵的重点方向是在淮南，锋芒所指为江东的孙吴。而曹休作为宗室重将，一直统领重兵镇守江淮一线。曹丕把他列入辅臣名单，既有加强宗室势力的目的，也有稳定地方局势的意图。

　　最后一名人选者是抚军大将军司马懿。司马懿，字仲达，乃司州河内郡温县（今河南省温县）人氏。其人出自儒学大族，世代为官。父亲司马防，早年曾经大力举荐过刚刚进入仕途的曹操，所以司马氏家族后来受到曹操、曹丕父子的优待。司马懿城府深沉，智计出众。曹丕为太子时，司马懿曾任太子中庶子，并替曹丕出了不少稳定地位的主意。因为这一层关系，再加上司马懿本人才干超群，所以曹丕当了皇帝之后，司马懿的官运是越走越红。曹丕长期在外巡游，随行的国务处理长官是陈群，而留在许昌处理后方机要的长官即是司马懿。也就是说，司马懿与陈群，乃是曹丕施政的左膀右臂。现在，曹丕把自己的左右手配给儿子曹叡，他觉得在政事上完全可以放心了。

　　经过一番精心考虑，把军事与行政、中央与地方、宗室与异姓等各方面的因素都照顾到了，曹丕才定出这样一份辅政大臣的名单。就当时的情况而论，上述四大臣组成的辅政班子，无疑是比较理想的阵容。但是，世间上有许多事是难以预料的。曹丕根本想不到司马懿的年龄会活得那么久，而其野心又隐藏得那么深。结果在三十多年之后，司马氏就重演禅代闹剧，夺取了曹氏的江山。这些有趣故事，笔者将在本系列的司马懿传记中详说，此不赘言。

五月初十日丙辰，曹丕病势垂危。他在回光返照之际，召太子曹叡及辅政诸大臣至嘉福殿，颁布遗诏，命诸大臣同心辅佐嗣主。四大臣中，有曹真、陈群、司马懿三人到场，在东南战区镇守的曹休，因为防备孙吴趁火打劫，留在原地而没有进京。国事交代已毕，又下令遣送后宫侍妾。除皇后、贵嫔、夫人、淑媛、昭仪五等级别高者，可以留居宫中以外，其余级别低的婕妤、容华、美人、修容、顺成、良人六等，全部遣返回家。最后，关于自己的丧事，他再一次向在场众人下达严厉命令：必须按四年前手书的《终制》办理，不得有违。国事、家事和自身事全部交代清楚之后，曹丕便陷入再也不能恢复神智的昏迷之中。

早在四年前，也就是黄初三年（222 年）的十月间，曹丕亲自在洛阳东北三十里处的首阳山（今洛阳市偃师区北）东麓，为自己选定了一块长眠之地。同时，手书《终制》一通，对今后自己的丧葬大事作出明确而严格的规定。文曰：

寿陵因山为体，无为封树，无立寝殿、造园邑、通神道。夫葬也者，藏也，欲人之不得见也。骨无痛痒之知，冢非栖神之宅。礼不墓祭，欲存亡之不黩也。为棺椁足以朽骨，衣衾足以朽肉而已。故吾营此丘墟不食之地，欲使易代之后不知其处。无施苇炭，无藏金银铜铁，一以瓦器，合古涂车、刍灵之义。棺但漆际会三过，饭含无以珠玉，无施珠襦玉匣，诸愚俗所为也。

自古及今，未有不亡之国，亦无不掘之墓也。丧乱以来，汉氏诸陵无不发掘，至乃烧取玉匣金缕，骸骨并尽，是焚如之刑，岂不重痛哉！祸由乎厚葬封树。

若违今诏，妄有所变改造施，吾为戮尸地下，戮而重戮，死而重死；臣子为蔑死君父，不忠不孝，使死者有知，将不福汝！其以此诏藏之宗庙，副在尚书、秘书、三府。

这篇《终制》的主题，就是"薄葬"二字。薄到了极致，多达八个"不"：不垒坟堆，不种墓树，不建神宫，不立陵园，不睡厚棺，不穿重衣，不用苇炭防水防潮，不用任何金银珠玉殉葬。一言以蔽之，就是要让后世之人不知墓穴之所在，即使得知也没有掘墓的兴趣。之所以一定要如此，是因为曹丕深刻地认识到：从古至今"未有不亡之国"。既然改朝换代不可避免，那么前朝的君王施行厚葬，不是在给后代的盗墓贼做好事吗？因此，他坚决反对厚葬，以身作则来反对。而且下达了非常罕见的严厉命令：如果死后家属和臣僚，对自己的遗嘱妄加任何改动，那就是对我的轻蔑，属于不忠不孝，我如果死而有知，绝对不会保佑你们！

曹丕代汉受禅才两年多，就敢在诏书中明明白白地宣称"自古及今，未有不亡之国"，这是少见的真率。能够洞察人事代谢，因而敢在丧葬这样的重大礼仪上，抛弃陈规旧俗，竖立革新之风，这又是少见的通达。回顾中国古代历史，像他这样真率、通达的开国皇帝实在不多。曹丕的文治武功，在历代开国皇帝中称不上第一流；但在处理自己的丧葬问题上，他无疑是最为明智和超脱的一位。有的古籍记载，曹操为了防止后世盗掘其墓，曾下令在漳河之滨造了七十二座疑冢。其实，造疑冢的效果比起薄葬来，那就要差多了。

黄初七年（226年）五月初十日丁巳，魏国皇帝曹丕病逝于洛阳皇宫之嘉福殿，终年虚岁四十岁。

当天，遗体移殡于崇华殿南堂；其子曹叡按照礼仪制度，在其灵柩之前举行仪式，即皇帝位。新皇帝按照《谥法》中"经天纬地曰文"的定义，给先皇帝奉上谥号"文"，故而后世称曹丕为"魏文帝"。

客观而论，上述"经天纬地曰文"的定义，不免显得空洞和抽象，还不如把曹丕谥号的"文"，理解为文学的"文"，以及文化的"文"，还更加具体和准确。

前面已经说过，曹丕曾经以个人的力量，努力进行了文学作品的创作和评论。在创作上，他是当时的杰出作家，写出了许多质量上乘的骈文和诗歌作品，又是最早运用七言句式来创作诗歌的先驱者。在评论上，他对文学创作的社会价值和重要意义，对同时代作家公允和客观的评价，对文学作品的"文气"特征等诸多方面，都有自己的独到见解和深入阐述，是古典文学评论史上开风气之先的引领者。

曹丕又动员了国家的力量，进行文化上影响深远的重大建设。在图书的重聚和分类上，不仅有效接续起中华文化的传播血脉，而且创建了流传后世上千年的"四部分类法"。他还下令组织学者，编撰出中国第一部具备大百科全书性质的大型类书即《皇览》，是后世各种类书的典范和样本。

总之，无论从文学的"文"，或者文化的"文"来说，魏文帝曹丕对于自己的这一谥号，堪称是当之无愧的了。

二十一天之后的六月九日戊寅，魏文帝曹丕的遗体，完全按照其《终制》的规定，入葬于首阳山之东麓。来到此处登临访古，黄河如带，绿草如茵，回想他一生的功过是非，令人不禁感慨系之。这正是：

文豪天子归黄土，功过如何问绿山。

本书至此结束，读者诸君如果意犹未尽，请看本系列的其他作品。

附录一

曹丕大事年谱

公元	干支	帝王年号	大　　事
187	丁卯	汉灵帝中平四年	虚岁一岁。冬，曹丕生于豫州沛国谯县。曹丕之父曹操为避祸乱，称病回故乡谯县，于县东五十里筑舍闲居。
191	辛未	汉献帝初平二年	五岁。曹丕《典论·自叙》云："余时年五岁，上以四方扰乱，教余学射。"
192	壬申	初平三年	六岁。曹丕《典论·自叙》云："六岁而知射，又教余骑马。"曹操任兖州牧，击破青州黄巾军，得兵三十余万。曹植诞生。

公元	干支	帝王年号	大　　事
194	甲戌	汉献帝兴平元年	八岁。曹丕《典论·自叙》云："八岁而能骑射矣。以时之多故，每征，余常从。"又《三国志·文帝纪》注引《魏书》："年八岁，能属文，有逸才。"曹操被吕布击败，失兖州。孙策南渡长江，攻取江东。
196	丙子	汉献帝建安元年	十岁。九月，曹操迎献帝至许县，升任大将军，封武平侯。十月，曹操让大将军与袁绍，自任司空、车骑将军。是时，曹操大兴屯田。曹冲诞生。
197	丁丑	建安二年	十一岁。正月，曹丕随曹操攻宛城张绣，绣降。继而张绣复反，攻曹操。曹操中流矢；其长子曹昂、侄儿曹安民被杀；曹丕善骑，乘马奔逃而脱险。
198	戊寅	建安三年	十二岁。十二月，曹操东征徐州，擒杀吕布。
199	己卯	建安四年	十三岁。春，袁绍杀公孙瓒，据有北方的冀、幽、青、并四州，欲兴兵十万，南攻曹操。
200	庚辰	建安五年	十四岁。十月，曹操大破袁绍于官渡。曹丕随父从军，于官渡种植柳树作为纪念。当年四月，孙策死，其弟孙权继业统治江东。
201	辛巳	建安六年	十五岁。四月，曹操再破袁绍军于仓亭津。九月，曹操击刘备，备南奔荆州投刘表。孙权贡献巨象，曹冲巧称象重，时冲六岁。
202	壬午	建安七年	十六岁。五月，袁绍病死。九月，曹操攻袁绍之子袁尚、袁谭，连战连胜。

续　表

公元	干支	帝王年号	大　事
203	癸未	建安八年	十七岁。四月，曹操进攻袁绍家族根据地邺县。
204	甲申	建安九年	十八岁。八月，曹军攻破邺县，曹丕纳袁绍次子袁熙之妻甄氏。九月，曹操兼任冀州牧。邺城破，陈琳投降曹操。
205	乙酉	建安十年	十九岁。正月，曹操进攻南皮，杀袁谭，平定冀州全境，曹丕留守邺县。三月，曹丕与族兄曹真"猎于邺西，终日手获獐鹿九、雉兔三十"。四月，曹丕至南皮。五月，曹丕与徐干、应玚、陈琳、阮瑀、刘桢、吴质、曹真、曹休等人在南皮畅游欢会。
206	丙戌	建安十一年	二十岁。正月，曹操征讨并州高干，曹丕留守邺县。曹丕多次外出游猎，冀州别驾从事崔琰谏之，丕遂止。曹丕之子曹叡出生。
207	丁亥	建安十二年	二十一岁。曹丕守邺县。八月，曹操大破塞外乌桓，收降二十余万口。辽东公孙康杀袁尚、袁熙。刘备三顾草庐，诸葛亮与之纵论天下大势及鼎立三分之策。
208	戊子	建安十三年	二十二岁。五月，曹冲死，曹丕作诔文祭之。七月，曹操南征荆州。冬，曹军大败于赤壁，曹操退还北方。
209	己丑	建安十四年	二十三岁。三月，曹丕随父东征孙权，至谯县治水军。七月，自涡水入淮，屯军合肥。十二月，随父还谯县。

公元	干支	帝王年号	大　　事
210	庚寅	建安十五年	二十四岁。曹丕随父回邺县。冬，曹操下令建造铜雀台。
211	辛卯	建安十六年	二十五岁。正月，汉献帝命曹丕为五官中郎将，置官属，为丞相曹操之副手。七月，曹操西征关中，留曹丕守邺县。曹丕与官属聚会，有"君父先后"之论辩。刘备西入益州。
212	壬辰	建安十七年	二十六岁。春，曹氏父子同游新落成之铜雀台，曹丕与诸弟作赋颂之。夏，曹丕置酒普请文学侍从之臣，刘桢与吴质因酒后失礼，受到曹操的惩罚。十月，曹丕随父东征孙权。阮瑀病死，刘备举兵进攻刘璋。
213	癸巳	建安十八年	二十七岁，四月，曹丕随父还邺。五月，曹操受封为魏公。魏国虽建立而未确立太子，曹丕、曹植兄弟对于太子位置的争夺从此开始。刘备进围雒县，庞统战死。
214	甲午	建安十九年	二十八岁。七月，曹丕随父东征孙权。曹植受命留守邺县，表现称职，曹操有意立其为太子。刘备攻克成都，取得益州。
215	乙未	建安二十年	二十九岁。三月，曹操西征张鲁。五月，曹丕应父命赴孟津。途经官渡，见过去所植柳树，有感而作《柳赋》。至孟津，撰《与吴质书》。
216	丙申	建安二十一年	三十岁。五月，曹操晋爵魏王，但仍未确立太子。十月，曹丕随父东征孙权。十一月，至谯县。

公元	干支	帝王年号	大　　事
217	丁酉	建安二十二年	三十一岁。四月，汉献帝给予曹操天子待遇，设天子旌旗，出入称"警跸"。九月，曹丕随父还邺。十月，曹操受命戴十二旒王冠，乘金根车，驾六马，设五时副车。同月，汉献帝批准曹丕为魏王太子，置太子官属多人。大疫，王粲、徐幹、应玚、陈琳、刘桢等人病逝。曹丕撰《与王朗书》，认为"唯立德扬名，可以不朽，其次莫如著篇籍"。于是致力于撰述。
218	戊戌	建安二十三年	三十二岁。曹丕编定徐幹、应玚、陈琳、刘桢、阮瑀、王粲诸子文集，并撰《又与吴质书》，评论六子之文学成就。
219	己亥	建安二十四年	三十三岁。九月，魏王之相国府西曹掾魏讽等人密谋起兵攻邺，事发，曹丕以留守身份发兵捕杀魏讽及同谋者数十人。时曹操在长安，亦杀杨修。刘备攻占汉中，称汉中王。刘备大将关羽自荆州北攻襄阳、樊城，水淹七军，"威震华夏"。不久，孙权遣吕蒙袭杀关羽，夺得荆州。
220	庚子	魏文帝黄初元年	三十四岁。正月，曹操至洛阳，二十三日庚子，曹操病死，终年六十六岁。曹丕继王位于邺县，并任丞相。二月二十一日丁卯，葬曹操于高陵，遣送诸侯王公前往封地。六月，曹丕宣称南征孙权。七月，曹丕至谯县。十月，曹丕至曲蠡，二十九日辛未，代汉称帝，改元黄初。十二月，曹丕至洛阳，居东汉北宫，登建始殿接见群臣。

公元	干支	帝王年号	大　事
221	辛丑	黄初二年	三十五岁。正月，以长安、谯、许昌、邺、洛阳为五都。六月，废杀甄氏于邺。八月，遣使封拜孙权为大将军、吴王。临菑侯曹植受到贬爵处分。蜀汉刘备称帝于成都。
222	壬寅	黄初三年	三十六岁。二月，西域诸国遣使者朝觐，西域复通，置戊己校尉。三月，初制宗室封爵之制。十月，自选首阳山东麓为陵寝之地，作《终制》。同月，自许昌南征孙权。孙权改元黄武，脱离曹魏而自立。
223	癸卯	黄初四年	三十七岁。三月，回洛阳。五月，令诸王朝京师。六月十七日甲戌，任城王曹彰暴毙于洛阳。九月，曹丕至许昌。刘备死，其子刘禅继承帝位，丞相诸葛亮执政，蜀吴二国重修旧好，结成战略伙伴关系。
224	甲辰	黄初五年	三十八岁。三月，回洛阳。七月，至许昌。八月，率水军伐吴。九月，至广陵，长江水涨，兼有暴风，舟船难以渡江，遂撤军。十月，至许昌。
225	乙巳	黄初六年	三十九岁。三月，自许昌伐吴。五月，至谯县。十月，由陆路至广陵，临江观兵。时天大寒，水道结冰，舟船不能进入长江，遂撤军。
226	丙午	黄初七年	四十岁。正月，至许昌，因城池南门无故自行崩塌，不入城，改回洛阳。五月十六日丙辰，病危，召中军大将军曹真、镇军大将军陈群、征东大将军曹休、抚军大将军司马懿，辅佐太子曹叡。次日，死于洛阳皇宫之嘉福殿。六月九日戊寅，葬于洛阳东北之首阳山东麓。

附录二

三国知识窗·文化篇

高层的新风气——带头读书

三国虽然是一个战争时代，但是就在战争频繁的同时，三方政权的高层人物，特别是高居君位的领袖，却又能够向往文化，带头认真读书，堪称是此前时代难得一见的新风气。

曹操就是一个读书学习的老标兵。《三国志·武帝纪》裴注引《魏书》对他有如下描述："御军三十余年，手不舍书，昼则讲武策，夜则思经传。……自作兵书十万余言。"指挥军队南征北战三十多年，手上总是离不开书本，白昼在讨论用兵的谋略，夜晚则思考经典史传。不仅读书，而且写书，撰写的军事著作竟有十多万字。曹操本人也说自己是"老而好学"，年纪大了依然喜好学习，这并非虚言。

曹操的儿子魏文帝曹丕也是如此，他在自己写的《典论·自叙》一文中说："少诵诗、论，及长而备历五经、四部，《史》《汉》、诸子百家之言，靡不毕览。"说是从小我就开始读《诗经》《论语》，长大了就全面阅读儒家的五经，以及四个部类的各种图书，至于《史记》《汉书》和诸子百家的著作，更是无不阅览。此处的"四部"，是当时对图书的一种新式分类法。曹丕不仅爱好读书，而且在文化建设和文学创作上，还有诸多的贡献，所以死后的谥号被确定为"文皇帝"。

孙吴的领袖孙权，也是认真读书的模范。他自己曾说："我在少年时代就读过《诗经》《尚书》《礼记》《左传》《国语》，只是没有读内容深奥的《易经》。到了掌权管事之后，又专门读了《史记》《汉书》《东观汉记》这三部史书，还有各家的兵法，深感大有收获。"不仅自己努力读书，还督促大将吕蒙、蒋钦努力读书，他说："赶紧去读《孙子》《六韬》《左传》《国语》，还有《史记》《汉书》和《东观汉记》。连曹孟德都说他自己是'老而好学'，你们怎么能够不勉励自己努力上进啊！"

蜀汉的君臣也不甘落后。刘备在临终前，就谆谆嘱咐十七岁的儿子刘禅说："可读《汉书》《礼记》，闲暇历观诸子及《六韬》《商君书》，益人意智。"可以好好阅读《汉书》《礼记》，空闲时间再读诸子的著作，以及兵书《六韬》，法家商鞅写的《商君书》，这些书籍都能够增长你的智慧。他还请求诸葛亮，专门为太子刘禅亲手抄录了《申子》《韩非子》《管子》《六韬》这四部书籍，供刘禅好好阅读。

诸葛亮堪称是当时读书最讲究方法的标兵。史书记载他隐居隆中，亲自耕种田地当农村青年的时候，就已经发奋读书了。他的读书非常注意方法。他的朋友徐庶等人，读书的方法是"务于精熟"，也就是务求精读、熟读，读得来滚瓜烂熟，可以叫作"精熟派"。唯独诸葛亮则不然，他的方法是"观其大略"，可以叫作"大略派"。此处的"大略"，准确的意思是重点和要点，与徐庶等人相比：一是内容有选择，二是效率有提高。

还有蜀汉五虎上将之首的关羽关云长，史书也记载他酷爱阅读《左传》，随口就能将其中的文句背诵出来。那么不能识字的大老粗将领怎么办？请人来读啊！蜀汉的名将王平，认得的字不超过十个，于是专门请人来为自己朗诵《史记》和《汉书》，素质得到提高之后，终于成长为蜀汉后期的名将。

后世的人讲三国，讲了智谋的竞争，讲了武力的竞争，却往往忽略了关键性的一点，即读书的竞争。三国的竞争，从根本上说，是读书学习的竞争。读书读得好的，曹操、孙权和刘备，最终都成为胜利者；完全不读书的，比如董卓，如吕布，最终都成为死于非命的失败者。

学说的新领域——人才理论

三国是人才辈出的时代。由于人才辈出，又催生了人才理论的诞生。当时知识群体中最常见的讨论题目，叫作"才性四本"，专门讨论人的才能与品性二者有何内涵和相互关系的问题，以便对如何正确辨别和评价人才，作出更加完美和全面的认识。具体讨论的分支题目有四项，即才能和品性是否分离，是否结合，是否相同，是否差异，简称"离合同异"，故名"四本"，即四项之意。这一论题的出现，与现实政治，特别是曹操"唯才是举"的用人政策密切相关。

除了参与人才话题的热烈讨论之外，这方面更为重要的成果，是我国第一部人才学的专著《人物志》，也在三国时期诞生问世，并且流传到今。其作者刘劭，字孔才，广平郡邯郸县（今河北邯郸市）人氏，是曹魏一位学识非常渊博深厚的大臣，《三国志》中有传。他的《人物志》三卷，共十二篇，深入论述了认识人才、辨别人才、评价人才等诸多方面，是一部具有强烈创新特色的开创性著作。刘劭在文化领域还有另外一项重大的贡献，就是上面所说的类书编纂。

文学的新面貌——地位独立

在三国之前的汉代，文学基本上是儒学的附庸，没有绝对独立的地位；写作文学作品的作家，自己也对文学的价值不是特别的重视。比如，司马迁的《报任安书》就说："文史星历……流俗之所轻也。"到了三国，即便是大文豪曹植，依然还有类似的看法，他在《与杨德祖书》中说："辞赋小道，固未足以揄扬大义、彰示来世也。"

但是，他的兄长曹丕则完全不同，曹丕对于文学的社会功能，给予全新的高度评价。他撰写的《典论·论文》，其中强调说："盖文章经国之大业，不朽之盛事。年寿有时而尽，荣乐止乎其身；二者必至之常期，未若文章之无穷。……而声名自传于后。"在中国历史上，对于文学的社会功能，能够有如此全新的深刻认识，并且作出如此高度的评价者，曹丕堪称是开风气之先的第一人。

　　曹丕还在《又与吴质书》中，对建安文坛诸子的文学创作，逐一进行评价。由于他本人就是文学大家，深知文学创作之甘苦，所以他的评语都非常公允和中肯。比如，他评价陈琳是"章表殊健，微为繁富"，意思是撰写奏章之类的文章时，气势非常之充沛，可惜文句稍微繁杂了一点。在中国历史上，以作家的身份评论同一时代的作家群体，而且又能秉持公正和爱护之态度者，曹丕也是开风气之先的第一人。由于他自己就在《典论·论文》的开头，提到"文人相轻，自古而然"的话，所以他又是针对"文人相轻"这种恶劣的风气，以实际行动来进行严肃批评的第一人。

　　正是因为曹丕在文学方面的突出贡献，鲁迅先生才会在他的《魏晋风度及文章与药及酒之关系》一文中说："曹丕的一个时代，可说是文学的自觉时代。"

　　随着文学地位的开始独立，文学创作也出现各种新气象。比如：

　　最新的作家群体出现了，就是东汉建安年间的"三曹七子"：曹操、曹丕和曹植父子，为"三曹"；孔融、陈琳、王粲、徐幹、阮瑀、应场和刘桢，为"七子"。

　　最新的亲属作家群体也出现了，除了上面的"三曹"，还有紧接着出现的"二陆"，即陆机、陆云兄弟。他们是名将陆逊的孙子，在孙吴时期成材，后来成为照耀西晋文坛的双子星座。

最新的文学沙龙也出现了，建安十年（205年）之后，曹操消灭袁绍平定了河北，曹丕与建安七子中的陈琳、徐幹、阮瑀、应场、刘桢五位，再加上吴质、曹真、曹休等人，在勃海郡的首府南皮县（今河北南皮县），有过一段时间的文学性聚会，他们朝夕相处，畅谈学问，交流创作，成为"三曹"与"七子"成员之间相互交流的文学佳话。

最新的作品时代风格也出现了，这就是中国古典文学史上赞美的"建安风骨"，专门指诗歌创作中，感情上的充沛慷慨，格调上的刚健清新。唐诗是中国古典文学的高峰。而建安文学中的诗歌，对后来的唐诗影响很大。初唐诗坛的革新先驱陈子昂，盛唐的诗仙李白，这两位出自蜀地的文学巨星，都对建安诗歌高度推崇，李白就有诗句赞叹说"蓬莱文章建安骨"。

杰出的史学家陈寿

完整记载三国历史的正规史书，是史学家陈寿撰写的《三国志》，要想了解真实可信的三国历史文化，首先应当选择这部优秀的纪传体正史。

《三国志》的作者陈寿，字承祚，益州巴西郡安汉县（今四川省南充市）人氏。生于蜀汉后主刘禅建兴十一年（233年），卒于西晋惠帝元康七年（297年），享年六十五岁，是跨越三国、西晋两个时代的杰出史学家。

关于陈寿生平，现今传世的古代文献中，有不少传记性的记载文字。但是，真正具有价值的完整性传记，只有两篇，这就是《华阳国志》卷一一的《陈寿传》，以及《晋书》卷八二的《陈寿传》。对比两篇传记，文字分量大体相当，但是内容上却有明显不同，各有自己关注的重点。《华阳国志》这一篇，重点是在陈寿的仕宦经历和家族成员上，不仅清晰记载了陈寿一生历任的官职，而且还对陈氏家族成员世代为官和文采风流的共性，进行了记载和总结。《晋书》这一篇，重点则放在《三国志》问世之后的评价和流传上，首先记载了当时占据主流地位的权威性正面评价，然后重点说明陈寿去世之后，《三国志》如何得到西晋官方的正式认同和认真传播。总之，这两篇传记，虽然内容各有侧重，但是相互补充，共同展现出陈寿完整的一生。

简略说来，陈寿出自巴山地区一个著名的官宦之家，从小受到良好的文化教育，成年后曾经在蜀汉皇朝担任官职。蜀汉政权灭亡后，他前往曹魏和西晋的京城洛阳，继续担任官职。他在洛阳潜心著述，最终完成了不朽史书《三国志》，从此流传后世直到今天。

《三国志》的内容

完整的三国历史，包含两个阶段，即酝酿阶段和正式阶段。酝酿阶段从汉灵帝中平元年（184年）黄巾军起事，朝廷动员各地政府组织军队进行镇压，因而逐渐酝酿成群雄割据的分裂状态开始；正式阶段则从魏文帝黄初元年（220年），曹丕代汉称帝宣布建立曹魏皇朝，东汉皇朝寿终正寝时开始，最后都到西晋武帝太康元年（280年），三国当中最后的孙吴政权灭亡为止。陈寿《三国志》的内容，分为曹魏、蜀汉、孙吴三大部分，共计六十五卷，入传人物多达四百七十多位，完整记载了三国时期上述两个阶段将近一百年的风云历史。

《三国志》的名称

陈寿这部史书的正式名称是《三国志》。古汉语的"志"，是一个多义词，在这里的准确含义是文字记录。所以《三国志》的意思，就是魏、蜀、吴三个国家历史的记录。全书之下三部分的名称，最早称为"某志"，而不称为"某书"，以免与他人的著作相混淆。例如曹魏部分称为"魏志"，而不称"魏书"，这是为了避免与当时王沈写的《魏书》相混淆；孙吴部分称为"吴志"，而不称"吴书"，这是为了避免与当时韦曜写的《吴书》相混淆。这种情况，在梁代刘孝标《世说新语》的注释中可以看得很清楚。到了后世，在王沈《魏书》、韦曜《吴书》已经亡佚之后，陈寿《三国志》又非常流行的情况下，书中也开始使用"魏书""蜀书""吴书"的名称。不过，三部分虽然可以分开称呼，但是三部分却并不单独流传于世。后世曾经出现一种说法，说是"魏、蜀、吴三书本是各自为书，到了北宋雕版，始合为一种，改称《三国志》"。著名学者缪钺先生曾在 1983 年《读书》杂志第 9 期撰文，列举充分证据，证明上述说法并不准确。由于这一误说，现今依然有人袭用，所以在此特别提出，避免读者受到误导。

《三国志》的体裁

《三国志》的体裁，属于纪传体的正史，而且是一部具有创新性质的正史。

所谓"正史"，意思是体裁符合正式规范的史书。这一词汇早在南朝时就开始出现，比如萧梁时的学者阮孝绪著有《正史削繁》一书。但是，正式把纪传体史书归类为"正史"，在现今依然传世的典籍中，是从《隋书·经籍志》开始的。

　　从三国文化史的角度来看，有两部纪传体正史中保存的古代典籍目录，与三国历史文化密切相关。在三国之前的古代典籍目录，是《汉书·艺文志》；在三国之后的典籍目录，则是《隋书·经籍志》。如果想要知道三国时期的人们，有可能阅读到前人遗留下来的哪些古代典籍，可以去查阅前者；如果想要知道三国时期的人们，自身又编撰完成了哪些文献著作，则应当去查阅后者。

　　不过，对于古代典籍的分类，这两者所采用的方法并不相同。《汉书·艺文志》作为现存最早的古代典籍目录，作者班固采用的是六分法，是对此前七分法的精简。六分法将古代典籍分为六大类，每一大类称之为"略"，共有"六艺略""诸子略""诗赋略""兵书略""术数略""方技略"，总计著录迄至西汉为止的传世古代典籍596种。由于这时候的史学典籍，在数量上还不多，所以被分在"六艺略"中的《春秋》一类当中；而《春秋》一类的全部史学典籍，包括司马迁《史记》在内，也仅仅只有23种而已。

　　但是，到了初唐时期魏徵等人开始编撰《隋书》的时候，情况就大不相同了。经过500多年的长期积累，中华文化的成果大大丰富，不仅传世古代典籍的总数显著增加，而且史学典籍的数量也显著增加，完全可以用"由附庸蔚为大国"

来形容。比如《隋书·经籍志》所记录的古代典籍，包括道教、佛教经典在内，总数达到 6 520 种之多。除开道教和佛教经典，余下的经史子集四大部类，典籍总数也还有 3 127 种；被归为"史部"的史学典籍，总计 817 种。其中，就包括了出自三国人士之手的多种作品。与《汉书·艺文志》相比，经史子集典籍总数扩大了 5 倍还多，史学典籍总数更扩大了 35 倍还多。这种典籍数量急剧增长的态势，就使得《隋书》的编撰者，必须要采用另外一种能够与之相适应的新型分类法，这就是按经、史、子、集四大部类来划分的四分法。

其实，新型四分法的最早出现，正是陈寿在西晋著作省任职的时期，而且诞生的地点，也在他的上级机构秘书省之中。原来，早在三国时期的曹魏，有感于董卓之乱中宫廷收藏典籍的大量散失，就开始在各地大力搜集典籍文献，并且由秘书郎郑默，开始编写相应的典籍目录，叫作《中经》。西晋代魏之后，随着皇宫中所收藏典籍的增加，又开始编写新的典籍目录，即《中经新簿》，而且首次采用四分法来分类：第一类是"甲部"，收入经学的六艺，以及小学（即文字语言学）的典籍；第二类是"乙部"，收入诸子、兵书、术数的典籍；第三类是"史部"，收入各种题材的史学典籍：第四类是"丁部"，收入各种文学作品、图像，以及从古墓中发现的竹简古籍。大体说来，此时的四部分类，其顺序是经、子、史、集，还不是经、史、子、集。此后，南朝的宋、齐、梁各朝，都按此顺序，编写了命名为《四部目录》的传世典籍目录。到了唐代编撰《隋书》时，在其《经籍志》中，又将顺序进行了调整，改为经、史、子、集，从此被后世所袭用，直到明清。而从文化史的角度来看，这一顺序的调整，实际上反映了史学典籍在人们心目中地位的提高。由于史学典籍从此开始固定在甲、乙、丙、丁的乙部，所以后来的学者文士，往往又喜欢用"乙部书"的文雅措辞，来代替史学典籍。

《隋书·经籍志》中，归入"乙部"的史学典籍，又分为正史、古史、杂史、霸史等十三个小类。而赫然居于各小类之首的，就是所谓的"正史"。在结语之中，编撰者叙述了司马迁《史记》、班固《汉书》之后，对于陈寿《三国志》一书，特别作了介绍，认为从陈寿开始，带动起编撰纪传体史书的风气，从此各个时代都有著述，作者很多，于是形成了"正史"这一类史学典籍的系列。

陈寿的《三国志》，虽然是以《史记》和《汉书》作为榜样，却也有自己的创新。因为《史记》《汉书》，都是以统一的政权作为处理对象。比如《汉书》，是断代性的纪传体史书，其处理对象只是同一个西汉政权。又比如《史记》，虽然是通代性的纪传体史书，但在同一时期，其处理对象也只是同一个王朝政权，比如《夏本纪》只处理夏朝政权，《殷本纪》只处理殷朝政权。

但是，陈寿《三国志》却与此不同，由于魏蜀吴三国分立，三者同时进行历史活动，所以陈寿要在同一历史时期，处理三个不同的政权对象。而且还有一个难于处理之处，即同一个历史事件，经常会有三个政权同时参与，比如赤壁之战，三方都在紧张活动。如何对此进行文字叙述，确定主次，才不会在三个政权各自的记载中，彼此在内容的表述上发生重复和雷同，或者在内容的衔接上出现空白甚至矛盾，这是非常考验编撰者创新能力的问题。

陈寿在纪传体正史体裁上的最大创新，是采用三个国家分别叙述的方式，来处理不同政权各自独有的历史事件；又采用三个国家共同叙述，但又各自有所侧重、有所区别的方式，来处理多方共同参与的同一历史事件。总之，陈寿《三国志》，开创了分国记载同一时期历史的纪传体正史新体裁。